제주의 성숲 당올레 111

제주의 성숲 당올레 111

초판발행일 | 2020년 3월 18일

지은이 | 문무병
사진 | 김일영
펴낸곳 | 도서출판 황금알
펴낸이 | 金永馥

주간 | 김영탁
편집실장 | 조경숙
인쇄제작 | 칼라박스
주소 | 03088 서울시 종로구 이화장2길 29-3, 104호(동숭동)
전화 | 02) 2275-9171
팩스 | 02) 2275-9172
이메일 | tibet21@hanmail.net
홈페이지 | http:// goldegg21.com
출판등록 | 2003년 03월 26일 (제300-2003-230호)

값은 뒤표지에 있습니다.

ISBN 979-11-89205-61-4-03380

*이 도서의 국립중앙도서관 출판예정도서목록(CIP)은 서지정보유통지원시스템
  홈페이지(http://seoji.nl.go.kr)와 국가자료종합목록 구축시스템(http://kolis-
  net.nl.go.kr)에서 이용하실 수 있습니다. (CIP제어번호 : CIP2020007789)

제주의 성숲 당올레 111

문무병 글
김일영 사진

차 례

2장. 애월읍 당올레

애월읍 본향당의 성숲 • 54

고내리 장군당(큰당) 본풀이 • 56

황다리궤 송씨할망당 본풀이 • 60

3장. 한림읍·한경면 당올레

4장. 조천읍 당올레

5장. 구좌읍 당올레

구좌읍 본향당의 성숲 • 144

세화리 당의 맑은 신과 부정한 신 • 148

육식식성(肉食食性)의 신을 위한 돗제[豚肉祭] • 153

무의(巫醫) 서당국서와 백주할망의 딸들 • 154

6장. 서귀포 당올레

7장. 남원읍 당올레

남원읍 본향당의 성숲 • 218

여신의 임신과 부정, 육식 금기의 파기(破棄) • 221

8장. 표선면 당올레

9장. 성산읍 당올레

10장. 안덕·대정 당올레

안덕면 · 대정읍의 본향당 • 280

안덕 지역의 농경신 닥밭 일뤠할망[七日神] • 282

들어가며

성숲의 발견

제주의 마을은 어딜 가나 신을 모신 성숲이 있다. 사람이 사는 속화된 공간, 집과 밭, 일터, 쉼터, 묘지, 산과 물과 함께 탐라국의 발상지, 삼신인, 고·양·부을나가 태어나셨다는 모인굴[毛興穴]의 성숲이있으며 마을의 땅을 지켜주는 '토주관', 본향당신을 모신 성지 본향당을 둘러싸고 있는 영적인 하늘나무[宇宙木], 만년을 산다는 '폭낭'이 자생하는 성숲과 성숲을 지나 신을 만나러 가는 올레, 좁지만 비밀한 당올레를 찾으면, 아, 본향, 어머니가 나의 탯줄을 태워 묻은 땅, 뿌리를 내린 땅, '본향'을 지키는 지모신, '토주관'이라는 본향당신을 모시고 있는 본향당(本鄕堂)을 둘러싸고 있는 성스러운 숲, 제주 사람이 뿌리내린 땅, 본향(本鄕)의 성숲은 언제나 과거에도, 현재도, 미래에도, 이웃이 있는 한, 같이 살아갈 우리들의 영적인 공간이다. 성숲은 당숲이고, 당숲은 우리가 지켜내야 할 제주 제일의 아름다운 문화경관이다. 신동국여지승람(『新東國輿地勝覽』, 濟州牧 風俗條)에도 성숲을 이야기한다.

제주 풍속에 대체로 오름·숲·하천·샘·언덕·물가·평지의 나무, 나무는 만년을 산다는 '폭낭' 그리고 바위, 영원히 살 것 같은 바위굴이나 큰 궤가 있는 곳에는 고루 본향당을 만들어 놓았다. 그리하여 해마다 설날부터 정월 보름까지 심방(巫覡)은 신기(神纛)를 들고 굿(儺戲)을 한다. 징과 북을 울리며 안내하여 마을로 들어오면 단골들은 모두 재물과 곡식을 내놓아 제를 지낸다.

　俗尙陰祀乃於山藪川池邱陵墳衍木石　具設神祀　每自元日至上元　巫覡共擎神纛　作儺戲　錚鼓前導出入閭閻民爭損財穀以祭之[1]

사계리 본향 청밧 할망당

1) 盧思愼 外, 『新增東國輿地勝覽』 卷三十八 濟州, 明文堂, 1981, p.662.

1장. 제주시 당올레

제주시 본향당의 성숲

탐라신화의 수수께끼 1

전해오는 모인굴 신화에 의하면, 모인굴(毛興穴)에서 탄생한 삼신인 (三神人) 고을나(高乙那)·양을나(良乙那)·부을나(夫乙那)는 금관국에서 보내온 세 공주를 맞아 한라산을 오르실 때 대각록(大角鹿) 일천 마리, 한라산을 내려올 때 소각록(小角鹿) 일천 마리를 잡아 혼인지에서 혼인 식을 하였다.

제주시의 성숲

제주성 밖 제주시 이도동 탐라국발상지 삼성사에는 고을나·양을 나·부을나 삼성인이 탄생하였다는 모인굴(毛興穴)이 있고, 그 주변에 이도동의 본향당 광양당(廣壤堂)이 있었으나 조선조 철종 때 없어졌으 며, 제주성안 일도동에는 일도동의 본향당 운주당의 성숲이 있고 지금은 고고학 발굴조사 중이다. 제주시 월평동 본향당 다라쿳당의 성숲은 가시나물(지명)에서 월평동으로 가는 큰 도로 앞의 당올레 계단을 올라가면 높은 동산 감귤 밭 서쪽에 있다. 제주시 봉개동 용강 웃무드내 궤당은 냇가에 있는 큰 굴당이다. 당신은 하늘에서 내려온 옥황상제의 막내딸이다. 성숲을 이룬 냇가에 보호수로 지정된 구실잣밤나무가 있다. 제주시 해안동 본향당 일뤠할망당이 있는 독숭물은 여러 그루의 팽나무(폭낭-제주에서 팽나무는 폭낭, 퐁낭으로 불린다.)가 있어 성숲을 이룬다. 제주시 봉개동 동회천의 본향당 세미하로산당은 밭 옆으러 길게 이어진 당올렛길이 있는 성숲이다.

봉개동 용강 본향 웃무드네 궤당

제주시의 당올레

옛 제주시 지역에서 조사한 신당(神堂)은 45개소(산신단 2개소 포함)다. 신당은 신이 머무는 곳이며, 신과 인간이 만나는 곳이다. 신과 관련된 마을 사람들이 모여서 마을의 안녕을 축수하고, 가정의 복락을 기원하며, 자식이 병을 고쳐달라고 찾아가는 장소다. 이러한 신당의 형태는 그 위치와 관련이 깊다. 신당의 지명들은 당이 위치한 지형, 지세에 따라 붙여진 것이며 당신들의 성격과 기능을 짐작케도 한다.

부정한 신은 그 신을 믿는 사람들이 당을 비밀한 장소에 감추어 두고 몰래 찾아다니는 경향이 있고, 농경신이나 본향당신 처럼 마을 사람들이 모두 다니는 당은 개방적인 장소에 존재한다. '돼지고기를 먹었다'는 죄목 때문에 부부신이 별거하여 '하니바람 부는 쪽'과 '마파람 부는 쪽'으로 떨어져 좌정하여, 웃당과 알당 또는 동당(東堂)과 서당(西堂)으로 하르방당[男神堂]과 할망당[女神堂]으로 나뉘는 경우가 많다. 그리고 또 신당은 마을에 위치하고 있는 지형적 조건에 따라 '바닷가에 있는 당(海邊存在型)' '냇가에 있는 당(川邊存在型)' '밭안에 있는 당(田畓間存在型)' '숲 안에 있는 당(樹林內在型)' '동산에 있는 당(丘陵型)' 등으로 나누어 볼 수 있다.

또 신당은 신의 집으로 인간이 꾸민 제의의 장소다. 신당은 신이 깃드는 곳에서 신이 머무는 곳으로 그 다음에는 신을 모시고 제물을 차려 굿을 하는 장소로 변모해 왔다. 그러므로 신당의 최초의 형태는 나무(神木)나 바위(神石) 굴(神穴)이 있고 여럿이 모일 수 있는 마당이 있는 곳이었으며, 나중에는 울타리(石垣)를 두르고 제단을 만들고, 당집

(堂宇)을 짓게 되었을 것이다. 따라서 신당의 구조는 신의 신체(神體, 신이 깃드는 곳)를 중심으로 신목형(神木型), 신혈형(神穴型, 궤형), 신석형(神石型), 석원형(石垣型), 당우형(堂宇型), 복합형(複合型) 등으로 나눌 수 있다.

이외에도 당나무에 걸려 있는 것으로 지전물색형(紙錢物色型), 명씰형(命絲型) 등으로 나눌 수 있다. 물색(物色)은 신에게 바치는 폐백으로 고운 옷감을 뜻하며, 명씰(命絲)은 명을 이어주는 것이므로 물색이나 명씰이 걸려 있는 것을 보고 '여신(女神)의 성격과 기능'을 알 수 있다. 제주시 지역의 신당은 신의 성격에 따라 천신계(天神系), 산신계(山神系), 농경신계(農耕神系), 치병신계(治病神系), 산육신계(産育神系), 해신계(海神系) 등으로 나눌 수 있는데, 대부분의 당에는 부부신을 중심으로 모든 신이 한 곳에 모여 있는 형태이다.

옛 제주시의 대표적인 당굿

세계무형문화유산 건입동 칠머리당 영등굿

제주시 건입동 칠머리당에서 행하는 영등굿은 음력 2월 초하룻날 하는 〈영등신맞이〉와 2월 14일에 하는 〈영등송별제〉가 있다. 원래 영등신은 영등 2월 초하룻날 제주도에 입도하여 2월 15일에 떠나는 내방신이기 때문에, 초하룻날 하는 〈영등신맞이굿〉보다 신을 보내고 바다 밭의 풍요를 비는 〈영등송별제〉가 '차례 차례 제차례 굿'으로 하는 규모가 큰 당굿이며 영등굿이다. 때문에 국가지정 문화재로 지정되었고,

안사인씨가 인간문화재 71호로 선정되어 당을 매어 오다가 고 안사인 심방의 전수생인 김윤수 심방이 계승하여 2009년 세계무형문화유산이 되었다.

영등굿이 다른 당굿과 다른 것은 바다의 요왕길을 치워 닦는 〈요왕맞이〉를 하는 것이다. 이는 바다의 밭을 가는 것과 같다. 요왕길을 치워 닦으면, 그 다음에는 씨를 들이게 되는데 초석을 깔고, 좁쌀 또는 쌀을 뿌리며 "동의바당 광덕왕으로 서의바당 광신요왕드레 씨 부찌레 가자(뿌리러 가자)"하며, 씨를 뿌리고 금년 바다농사의 흉풍을 점친다. 이와같이 겨울의 바람을 보내고, 새봄을 맞이하게 하는 풍농굿으로서의 영등굿은 모든 생명을 잉태하게 하는 강남의 봄소식을 전하고 가는 바람의 축제인 것이다.

건입동 본향 칠머리당 영등굿

동회천동 새미하르산당 당굿

동회천 〈하르산당〉에서는 정월 열나흘 날 〈신과세제〉와 7월 열 나흘 날 〈백중마불림제〉 두 번 당굿을 한다. 제주시의 자연 마을에서는 유일하게 심방을 모셔다가 크게 당굿을 하는 곳이다. 〈하로산당〉의 당신은 송당 당신의 아들신이라고 하는 수렵·목축신이다. 때문에 당굿의 맨 마지막에 당신을 놀리는 〈산신놀이〉를 한다.

〈산신놀이〉가 중산간 마을의 당굿에 남아 있는 제주도의 대표적인 놀이굿이라면, 무형문화재로서 그 가치가 높은 것이며, 마을의 신앙민들이 당을 맨 심방과 함께 벌이는 당굿의 원형을 유지하고 있다는 점에서, 그리고 제주도의 굿놀이로서 그 가치를 높이 살만한 〈산신놀이〉를 당굿을 할 때마다 연행하고 있다는 점에서 보존 전승되어야 할 민속예술이다. 때문에 동회천 〈하르산당〉의 당굿은 제주시 지역에 남아 있는 유일한 당굿이며, 현재에도 계속 전승하고 있기 때문에 이에 대한 조사와 보존방향을 모색한다는 것은 중요한 일이 아닐 수 없다.

1. 용담2동 한두기 본향 ᄀ시락당

용담2동 한두기 본향 ᄀ시락당은 용연(龍淵) 구름다리에서 동쪽으로 산책로를 따라 300m 정도 가면 아래로 내려가는 계단이 있다. 계단 내려오는 입구 오른쪽에도 멀구슬나무에 오래된 물색이 걸려있다. 당신은 '용해국대부인' '여리불도' '제석할망' '삼덕조왕' 네 명의 여신이다. 이 신들은 목사의 뱃고사를 받아먹고, 어부와 해녀의 소망을 이뤄준다고 해서 용담2동 '한두기' 주민들이 생기에 맞춰 택일하여 다니는데, 당에 갈 때는 메 네 그릇 떠간다. 당은 5평 정도로 규모는 작으나, 용연 오솔길 옆 암벽 위에 있어 신목(神木)과 신석(神石), 그리고 지전물색들이 서로 어울려 분위기를 신비롭게 만든다. 가끔 교회 신자들 중에는 당을 더럽히고 가는 사람이 있으며, 굿을 하여 액을 막았으나 한 달 동안 두 번 사람이 죽자 어떤 이는 당이 비렸다고도 하고, 밤에는 이쪽 길로 다니는 사람이 드물다고 지나가던 동네 할머니가 말해줬다. 이 당의 본향당신은 생산·물고·호적·장적을 차지한 신이기도 하지만, 해신으로 일만 어부, 일만 잠수를 차지하여 어로의 풍등을 가져다준다고 한다. 때문에 이 당에는 바다에 다니는 사람들이 바닷가에서 요왕제를 하고 지를 드린 후, 당에 와서 바다의 안녕을 비는 당이다.

용담2동 한두기 본향 ㄱ시락당

2. 용담3동 정뜨르 본향 다끄네 궁당

　용담3동 정뜨르 본향 다끄네 궁당은 정뜨르 사대부속고등학교 안에 있다. 당의 건조형태를 보면, 신목형·명실형·제단형·석원형(石垣型) 이다. 당에는 수명이 그다지 길지 않은 폭낭과 잡목들이 있다. 당에는 하얀 백돌레떡이 궤문 위에 있고, 나무 가지에는 명실이 군데군데 걸려 있다. 이 당에는 '다끄네'와 '정뜨르' 주민들이 정월에 택일하여 다닌다고 한다.

　제주에는 옛날부터 토속신앙(土俗信仰)으로 마을을 수호하는 본향당이 있는데 궁단은 제주시 용담3동(일명 다끄네[修根洞])의 수호신을 모신 신당이다. 모시고 있는 신은 상ᄌᆞ대왕, 중전대부인, 정절상군농이다. 이 신들은 본래 용담2동 한내[漢川] 연변에 있다가 고종 19년(1882)에 훼철(毁撤)된 내왓당[川外祠] 신의 일부로서, 중전대부인은 상ᄌᆞ대왕의 큰부인이고, 정절상군농은 그 작은 부인이다. 신화에 따르면, 작은 부인 정절상군농이 임신했을 때 돼지고기를 먹자, 부정하다고 내쫓았는데, 중전대부인은 궁당으로 가서 좌정하여 산육신(産育神)의 일을 맡아 쌀로 만든 음식을 받아먹는 미식(米食) 식성의 깨끗한 신이며, 정절상군농은 궁당의 바깥으로 좌정하여 돼지고기를 받아먹는 육식(肉食)식성의 부정한 신이다. 때문에 궁당으로 옮겨온 후, 정절상군농은 아기 일곱을 낳아 잘 길렀다고 한다.

용담3동 정뜨르 본향 다끄네 궁당

3. 도두1동 본향 오름허릿당

도두1동 본향 오름허릿당은 도두봉 입구 장안사(사찰) 바로 뒤편에 있다. 제일은 초사흘, 초이레, 대보름날이며, 보리 수확을 끝내고 또 가을걷이 후에 치성을 드린다. 당에 갈 때는 메 2그릇과 요왕메 1그릇 해서 3그릇을 가지고 가고, 삶은 계란, 과일, 생선 등을 올리며, 특히 남신 몫으로는 닭고기를 여신 몫으로는 돼지고기를 올린다.

오름허릿당은 깨끗하고 잘 가꾸어진 당이다. 동쪽에 입구가 있고 북쪽 중앙 제단을 중심으로 좌측 큰 폭낭에 지전물색이 아름답게 걸려 있는 신목형·지전물색형·제단형·석원형·동산형의 당이다. 당의 입구와 제단의 좌우에 크고 작은 폭낭 5그루가 있다. 당 동쪽에는 마을 포제단이 있고, 아래쪽에는 장안사가 있으며, 도두봉은 자체가 신들이 좌정한 하나의 성소인 것이다. 오름허릿당의 당신은 생산·물고·호적·장적을 차지한 서편또 김씨 하르방(男神)과 동편또는 오름허리 일뤠중저 송씨 할망(女神)이고, 서편또 아래는 가는 선 오는 선과 잠녀를 차지한 해신 요왕또이다. 오름허릿당은 제주시 서부 지역의 뿌리가 되는 당으로 가지가지 송이송이 뻗어 이호·도두 여러 마을의 당신으로 좌정하였다.

도두1동 본향 오름허릿당

4. 이호1동 본향 붉은왕돌앞 할망당

이호1동 본향 붉은왕돌앞 할망당은 동동네 포구 도두리에서 가지 갈라 온 당이다. 길가에서 당으로 이어지는 당올레 계단을 따라 내려오면, 이호1동 본향 붉은왕돌앞 할망당이다. 아담하게 꾸며진 당에는 폭낭 세 그루, 보리수나무가 있다. 큰 바위 궤위에 뿌리내린 폭낭에는 삼색의 지전과 물색이 치렁치렁 걸려 있다. 제단은 세 개로 구분되어 있는데, 왼쪽에 있는 제단은 좀 얕고, 가운데는 1/4 원 모양이고, 오른쪽에는 자주 제를 지내는 것으로 보이는 해신 제단이다. 제단 중앙에 신위를 모신 궤가 있고, 거기에는 촛대와 잔대가 있다. 정월에 마을제가 지난 후, 해상의 안전과 풍어, 해전경작의 풍등을 비는 요왕제를 지내고 나서 당에 가기도 하고, 집안에 무슨 일이 생길 때는 생기 맞는 날을 택일하여 다니기도 한다. 어부들은 뱃고사를 지낸 후 당에 가서 제를 지내는데, 어떤 배에서는 돼지 턱뼈를 가져가 올리기도 한다. 메는 2~3그릇 가져가며 생선·과일·물색 등을 제물로 차린다. 당의 형태는 신석형·제단형·신목형·석원형(石垣型)·해변존재형이다.

이호1동 본향 붉은왕돌앞 할망당

5. 내도동 본향 알당 두리빌렛당

내도동 작지왓 바닷가에 있는 내도동 알당은 평평한 암반이 '두리빌 렛당'이라는 해신당이다. '용녀부인'을 신으로 모신 해신당으로 내도동 바닷가 10평 정도의 넓은 암반이 이 신을 모신 신당이다. 군데군데 촛 물이 있는 것으로 보아 어두운 밤에 제를 지내는 것 같다. 이 여신(龍 神)이 당신으로 좌정한 내력은 이형상 목사가 제주도 신당을 철폐하고 임기를 마치고 고향으로 돌아갈 때, 광양당신의 노여움으로 고향으로 떠날 수 없었다. 그때 내도동에 배를 부리는 박동지와 김동지 영감이 이형상 목사를 고향으로 보내주었다. 목사가 그 댓가로 무곡을 주니, 제주 절섬으로 들어오는데, 풍랑을 만나 배가 침몰하게 되었다. "제주 백성 살리려고 무곡을 싣고 갑니다. 살리려거든 살려줍서" 하니 큰 뱀 이 똬리를 틀어 터진 구멍을 막고 배는 무사히 '듬북개'에 도착했다. 그 후부터 뱀을 모셔 부자가 되었다. 원래는 김댁의 조상신이었으나, 후 에 내도동 당신으로 모시게 되었다. 이 용녀부인은 계절따라 좌정처 를 바꾼다고 한다. 봄바람이 불어오는 음력 2월 초하루부터 "일만 잠 수 숨비소리 듣고 싶어" 바닷가에 좌정하고, 동짓달 초하루부터는 "겨 울 바람 파도소리에 놀래어" 윗쪽 마늘밭 한 귀퉁이의 '웃당'으로 좌정 한다는 것이다. 또 이 당은 초하루와 보름 이외에는 아무리 정성을 드 려도 효험이 없는 당으로 해녀·어선·육아 등을 돌보는 해신당이다.

내도동 본향 알당 두리빌렛당

6. 해안동 이승이 본향 독숭물 일뤠할망당

해안동 이승이 본향 독숭물 일뤠할망당은 해안동 '이승이' 본향으로 동당(웃당)과 서당(알당)이 있는데, 독숭물 일뤠당은 서당(알당)이며 할망당이다. 당에는 거대한 폭낭 신목 두 그루가 높이 1.4m, 8.5m×6.6m나 되는 넓은 제단 위에 서 있고, 울타리 둘레에도 많은 폭낭이 있으며, 당의 넓이는 50평 정도 되는 큰 당이다. 보호수 지정 팻말을 보면 팽나무의 수령은 약 500년, 나무 둘레 6.6m,나무의 높이는 15m다. 원래 이 당은 이전하여 서낭당-고사릿당-탱지남밧당-독숭물당이 되었고, 당 근처에는 '독숭물'이란 생수가 있다.

독숭물 일뤠할망당은 4·3 이후 당굿을 간소화 하여 유교식 마을제로 지내고 있다. 동동의 하르방당과 합쳐서 지낸다. 입구에 돌담으로 올레를 조성했고 주변에 폭낭 7~8그루가 둘러싸고 있다. 사각형으로 돌담 울타리를 쌓았고 내부 바닥에는 잡풀이 자라고 있다. 신목인 폭낭은 보호수로 지정되어 있으나 큰 가지 다섯 중 둘은 고사상태이다. 제단은 자연석을 다듬어 시멘트로 마무리해 제단을 만들었고 제단에 궤가 3개 있으며 자연석으로 궷문을 만들어 두었다.

해안동 이승이 본향 독숭물 일뤠할망당

7. 연동 본향 능당

연동 본향 능당은 연동 섯동네 LPG 충전소에서 동쪽으로 부림랜드
(부림온천) 가기 전 커브 꺾이는 지점에서 산쪽(남쪽) 시멘트길로 600여
m쯤 올라가면 오른편에 당 입구가 보인다. 냇가 동쪽은 과수원이고 서
쪽은 교목 수림이 있으며, 수림 속에는 폭낭과 넓은 궤(바위)가 있고 귀
퉁이에 명씰(命絲)이 걸려 있고, 주위를 능형으로 돌담을 두르고 있다.
형태로 보면, 신목형·신석형(궤형)·수림내재형·제단형·석원형·명
씰형이다. 당밖 당안에 큰 폭낭이 있고, 깨진 그릇, 술병들이 무더기로
쌓여 있다. 당에 다니는 사람들이 많은 모양이다. 이 당은 연동 본향인
'능당'이며, 이 당의 신은 천제 아들 다섯 형제라 한다. 하위 신까지 합
치면 12 신위를 모시고 있어, 마을의 생산·물고·호적을 차지한 본향
신 이외에도, 아기의 포태를 주는 산육신 명진국 할머니, 아기 피부의
부스럼을 고쳐주는 'ㅂ제또', 농사를 돌보는 제석할망 상세경 신중또,
며느리또, 금상할망, 산신또 등을 모시고 있어 당신들이 마을의 모든
일을 분담하여 관장하고 있는 셈이 된다. 당에 갈 때는 메 다섯 그릇을
가지고 가며, 제일은 포제가 끝나면 택일하여 간다고 하지만, 특히 매
달 진일, '용날'을 택해서 가는 것이 다른 당들과 다르다. 매인 심방은
없고, 연동 마을 사람 대부분이 이 당에 간다.

연동 본향 능당

8. 오라2동 본향 방애왓 내왓당

오라2동 본향 방애왓 내왓당은 종합운동장 서쪽 하천 건너편 높은 동산 밭에 있다. 내왓당의 당신은 '남새 할망 송씨 부인 일뤠중저'다. 이곳은 속칭 '방애왓'이다. 당에는 큰 폭낭이 있다. 본래 이곳은 알당 할망당(農耕神)이고, 웃당 하르방당(山神)은 내를 중심으로 동쪽에 있었는데, 종합운동장 건설로 파괴되어 지금은 하르방 · 할망을 같이 모셨다 한다. 없어진 하르방당에는 큰 구렁이가 있었다. 신당이 파괴되자, 체육행사 때마다 비가 자주 오는 것은 당을 없앴기 때문이라 한다. 당에는 'Γ' 모양의 제단이 있고 북쪽으로 입구가 있다. 당의 형태는 신목형 · 제단형 · 석원형 · 전답간존재형 · 천변존재형 · 지전물색형으로 전형적인 신당이며 규모 또한 크다. 정월 포제가 끝나는 날부터 당에 다니며, 이 당의 당신은 송당당의 자손이기 때문에 정월 13일, 7월 13일이 제일이지만 주로 택일하여 다닌다.

〈본풀이〉를 보면, 냇가를 중심으로 부부신이 따로 좌정하게 된 이유는 처신이 임신으로 돼지고기를 먹었기 때문에 남편이 눈에 나서 여신은 '남새당' '폿 볼래낭 아래' 따로 좌정하게 되었다. 당에 갈 때는 메 두 그릇을 가지고 간다. 왜냐면 이제는 부부신을 함께 모시고 있기 때문이다.

오라2동 본향 방애왓 내왓당

9. 오라동 정실 본향 도노밋당

오라동 정실 본향 도노밋당은 마을에서 남쪽으로 조금 가면 시내가 있다. 다리를 건너 좌측으로 조금 올라가면, 생수가 나는 샘이 있다. 이곳은 정수암(井水岩)이라 했다는데, 조선 선조 20년 목사가 '영구춘화'(들렁귀 - 마을이름 - 에 피는 봄날의 철쭉꽃)를 보려고 '들렁귀'로 출행하다 정수암 물을 보고 주변 경관이 '연꽃잎에 고인 구슬 같은 샘'이라 하여, 그 후로는 '옥련천(玉蓮泉)'이라 했다 한다. 이 물은 이전에 '도노미' 사람들의 식수였다. 옥련천 바로 윗쪽으로 큰 폭낭이 보이고, 그 밑에는 10평 정도의 큰 동굴(궤)이 있다. 이곳이 도노밋당이다. 본향당신은 할망·하르방 두 부부를 모셨는데, 할망은 '조숫물 삼대바지(한경면 조수리 지명) 삼신불법 할마님또(産育神)'이고 하르방은 '김씨영감 산신대왕 통정대부'이다. 당에 갈 때는 메 두 그릇하고, 백지 열 장, 씰 한 타래, 돌래떡, 과일 2종 등을 제물로 가지고 가며, 제일은 정월 3일, 7일, 13일, 17일, 23일, 27일이며, 그 때 당에 가서 본향신의 자손들이 새 해 인사를 드리는 신과세제를 한다. 당을 맨 심방은 강제길인데 30여 년 전에 죽었고, 그 후 대가 끊겼다. 당이 있는 곳은 폭낭 군락지이며 당의 동굴 안에는 나뭇가지에 명주실이 묶여 있다. 당은 동굴 밖 100평정도 사각형 돌담을 둘러 조성되었는데 당안 바닥에는 잡풀이 자라고 있다. 내부 가운데에는 돌을 둥그렇게 놓아 화로를 만들었다. 자연지형의 궤 안에 다듬어진 현무암으로 제단이 마련돼 있다.

오라동 정실 본향 도노밋당

10. 건입동 본향 칠머리당

건입동 본향 칠머리당은 원래 사라봉 아래쪽 건들개(健入浦) 산지항 (山地港) 남쪽 주정공장 높은 동산 '칠머리'에 있었으므로 칠머리당이다. 그러나 지금은 산지항이 확장되고 도시화 되어 칠머리당은 사라봉 뒤쪽 새 부지로 옮겼다. 칠머리당은 해신당으로 산지와 탑동 등의 건입 동의 선주, 어부, 해녀들이 다니는 당이다. 이전에 당을 옮기기 전의 당에 가 보면, 당에는 역시 세 개의 비석을 모셨는데, 이 비석은 세 신위로 좌로부터 당신인 도원수 감찰지방관과 그의 처신 요왕국 요왕부인 그리고 영등신이다. 지금의 당에도 새로 세 개의 신석을 세우고 있다. 현재 칠머리당굿은 세계무형문화유산으로 지정되었고, 당을 매고 있는 분은 고 안사인 옹이 살아 계실 때부터 칠머리당 영등굿의 수석 전수생이었던 김윤수 회장이 영등굿의 기능 보유자로서 인간문화재 71호를 전승하는 한편 보존회를 조직 전수생 이수생을 배출하고 그들이 중심이 되어 해마다 영등굿을 해오고 있다. 칠머리당은 해신당이기 때문에 해마다 영등 2월에 영등굿을 하고, 그 밖에는 개인의 생기에 맞춰 택일하여 다닌다. 음력 영등 2월 초하루 영등신을 맞이하고 2월 14일 영등송별제를 한다. 이때 요왕맞이를 하여 바당 밭을 갈아 씨를 뿌리고, 영감놀이를 하여 어부의 수호신인 뱃선왕 영감신을 놀리고 보내는 것이 영등굿이다.

건입동 본향 칠머리당

11. 도남동 본향 백질당

도남동 본향 백질당은 원래 도남동 126-2번지의 밭이었다. 지금은 '진밧' 서쪽 병문내 쪽 도남동 586번지로 옮겼다. 당에 갈 때는 메 2그 릇 가지고 간다. 당신은 '백질할망·하르방' 2위를 모시고 있으며, 당 의 제일은 수시로 택일하여 다닌다. 옛날 서씨 하르방이 밭에 일을 하 러 갔는데 점심때가 지나도 부인이 오지 않아 몹시 배가 고파 기다리 고 있는 중에 부인이 왔다. 늦은 까닭을 물으니, 못 위 서낭당(당우영) 에 갔다 오다 보니 늦었다 하므로 홧김에 당으로 달려가 불을 질러 버 렸는데, 그때 그곳에 있던 하기새가 날아서 마을로 내려오다 앉았는데 그곳에 당을 설연했으니 이곳을 '백질당'이라 한다. 여기는 주로 마을 주민들이 찾아가 가정의 안녕을 기원한다.

당은 냇가에 네모나게 시멘트와 자연석을 이용해 담을 둘렀다. 당 내부 바닥도 시멘트를 발라 정비했다. 당 입구에 본향당을 옮긴 내력 을 적은 비석이 있다(1991. 4. 12). 철판으로 작은 함을 만들어 그 속에 초를 켜둘 수 있도록 하였다. 내부 바닥에 모래가 채워져 있다. 당 울 타리 넘어 폭낭이 있고 그 앞에 시멘트로 만든 제단이 있다. 제단 위로 궤가 여섯 개 있고 자연석으로 막아 두었다.

도남동 본향 백질당

12. 화북동 윤동지영감당

화북동 윤동지영감당은 바다에서 주어온 미륵돌을 모시고 있는 당이다. 처음에는 윤씨 집안에서만 모시던 조상으로 당에 모시고 몸이 아프거나 가려울 때 정월에 택일하여 다녔고, 윤씨 집안에서는 굿을할 때도 '군웅(=조상신)'으로 놀린다. 당에 갈 때는 백지 두 장을 가지고가서 한 장은 송낙을 만들어 미륵돌에 씌우고 한 장은 길게 말아 허리띠를 만들어 맨다. 제물은 메 네 그릇, 돌레떡 4개, 과일 3개, 삶은 계란 4개를 가지고 간다. 4 신위를 모시는 셈인데, 하나는 석상미륵 돌부처 몫이고, 셋은 해신(요왕) 몫으로 올리는 것이라 한다.

본풀이를 보면, 윤동지 영감이 고기를 낚으러 바다에 갔다가 건져올린 미륵부처를 조상으로 모셨더니 큰 부자가 되었는데, 동네 청년들이 이 미륵부처를 불지르자 불 속에서 돌부처가 걸어 나왔고 동네 청년은 죽었다. 그 뒤에 미륵돌은 성터에 방치된 체, 비바람에 마모되고, 이렇게 미륵 조상이 괄시를 받자 자손에 피부병을 주어 화북리는 온갖피부병이 만연하였다. 이를 안 자손들이 눈비에 마모된 미륵돌을 찾아 잘 모시게 되자 모든 재앙이 사라졌다는 이야기다. 당에 가 보면 미륵돌은 하얀 종이에 쌓인 체 작은 돌집 속에 모시고 있다. 지금은 마을사람들도 피부병이 나면 당에 가서 빈다.

화북동 윤동지영감당

13. 삼양2동 가물개 본향 당팟할망당

삼양2동 가물개 본향 당팟할망당은 삼양동 복지회관에서 바닷가 쪽으로 내려가다 보면, 우측 밭 가운데 있는 아담한 신당이었다. 이 당은 상단궐을 광산 김씨로 하고 삼양 1,2,3동, 도련 1,2동 마을 주민 대부분이 다녔다. 그런데 당 있던 자리가 아파트단지로 개발되면서 당은 단지 안의 아파트 공원 안에 모시게 되었다. 당에는 신목으로 작은 폭낭이 있다. 제단에는 지전물색이 담이나 나무에 걸려 있다. 삼양동 마을에서는 마을제를 지내기 전에 우선 3헌관이 당할망에게 제물을 차리고 문안을 드렸다 한다. 이 당은 삼칠일당으로 13일 17일, 23일 27일 당에 간다고 하지만, 포제 뒷날 과세를 하며, 보통 때는 택일하여 다녔다. 당에 갈 때는 메를 3~6기 차리고 가는데 그 만큼 모시는 신들이 많다. 〈당본풀이〉를 보면, 웃당은 시월도병서(男神-입구 앞쪽 당나무 자리)이고 알당은 요왕부인(妻神)으로 일곱 아기 마을 거느린 '아기또'(産育神)할마님이고, 그 아래는 물비리, 당비리 몸에 부스럼 불러주는 'ㅂ재또'(皮膚病神) 그리고 설개(삼양1동)에서 갈라 온 감낭하르방·감낭할망에다 당할머니를 섬기다 큰 벼슬을 한 광산 김씨 조상까지 여섯 신위를 모시고 있다. 이 당은 특히 돼지고기를 제물로 치리고 가며, 아기의 넋들임, 피부병, 풍어, 생산, 호적을 담당한 모든 신들이 한 곳에 좌정하고 있다.

삼양2동 가물개 본향 당팟할망당

14. 도련1동 본향 당팟 개당

　도련1동 본향 당팟 개당은 속칭 '당팟'이라고 하는 곳에 있는 당이다. 송당에서 가지 갈라 온 당이라고도 하고, 그냥 '개당'이라고 한다. '개당'이란 여기서는 해신당을 뜻하는 것이 아니라, 중산간에서도 보이는 '술일당(戌日堂)', 즉 '개날' 당에 다닌다고 해서 '개당'이다. 그러나 실제로는 정월에 마을 이사제(里社祭)가 끝나면 생기에 맞는 날을 택하여 다니고, 또 6월에도 그렇게 한다. 이 당은 아주 센 당이라고 하며, 10년 전에 백수 어머니라는 장님이 당을 매다가 돌아가신 후, 당을 맨 심방이 없다. 당에는 큰 폭낭이 3그루 있는데, 하나는 '건 폭낭(열매가 크다)'이라는 보호수로 지정된 폭낭이 있는데, 둘레 4.26m, 높이 24m, 수령 350년이 된다. 제일교포 고희수씨가 당 옆의 밭 620평을 희사하여 어느 당 보다 너른 터를 가지고 있다. 당은 돌담을 두르고, 제단을 아담하게 꾸미고 있는 신목형·제단형·석원형·지전물색형의 전형적인 당이다. 본향당비에는 이렇게 쓰여 있다. 吾鄕堂基 開鄕七百 局成蟹形 鄕泰民寧 恭惟明靈 今此更修 特垂恩光 永願後榮

도련1동 본향 당팟 개당

15. 봉개동 동회천(동세미) 본향 세미하로산당

봉개동 동회천 본향 세미하로산당은 봉화사에서 500m 동쪽에
있다. 동세밋당의 당신은 '세미하로산또'라는 제주도 당신의 원 뿌리가
되는 송당 당신의 아들이다. 동회천은 제주시 지역에서 유일하게 당굿
이 전승되는 곳이며, 당굿을 할 때, 산신놀이를 한다. 제일은 정월 14
일 신과세제, 7월 14일 백중마불림제를 하며, 당에 갈 때는 메 2-3기
(사발메1, 아기메 1)를 가지고 간다. 왜냐하면 당신은 '하로산또' 한 분이
지만, 타 지역에서 시집와서 사는 사람들이 당 좌측 대나무에 시집오
기 전의 본향신들, 궤프르당, 노늘당, 가물개당의 신들을 따로 모시고
있기 때문이다.

당에는 보호수로 지정된 늙은 폭낭을 신목으로 세멘트로 깔끔하게
마련된 정방형의 제단이 있고, 주위에 대나무가 자라서 전형적인 신
당의 형태를 이루고, 규모는 약 50평정도 되는 신목형 · 제단형 · 석원
형 · 죽림형 · 전답간존재형의 신당이다.

봉개동 동회천 본향 세미하로산당

16. 봉개동 용강 본향 웃무드내 궤당

봉개동 용강 본향 웃무드내 궤당은 바위굴로 옥황상제의 막내딸을 모시고 있는 천변존재형·신혈형·신목형의 본향당이다. 주위에는 보호수로 지정된 큰 폭낭이 있고 경관이 수려하다. 하늘의 신이 인간 세계에 귀양을 와서 인간을 수호하는 본향당신이 된 경우는 제주시내 오등동이나 해안동의 대별왕 소별왕 당본풀이가 있다. "곡식 낱알을 까먹은 죄로 귀양정배된 옥황상제의 7공주 중 막내딸이 한라산으로 내려와 사라오름-물장오리-거친오름-형제봉으로 해서 가시덤불을 헤치며 내려오다 보니 머리가 헝크러지고 형색은 말이 아니었다. 건지동산에 와서 건지를 틀고 용강리 궤당 근처에 있는 정좌동산에 앉아 마을을 내려다보고 좌정처를 궤당으로 정했다는 것이 용강리 궤당의 본풀이다." 신이 인간 세계로 내려오는 과정에서 마을의 지명의 유래를 말해주며, 설촌의 당위성을 믿게 한다. 그래서 당이 있는 곳은 천신의 힘과 한라산의 영기, 수목과 하천의 정령들이 깃든 곳이다. 당신은 농경신이다. 궤당의 제일은 포제 뒷날, 그러니까 길일인 초정일(初丁日)이며 닭 울기 전 새벽에 다닌다. 포제 제관들이 입제하여 마을에 금줄을 칠 때, 우선 당에 가서 금줄을 치고 '어명'이란 도장을 찍어 봉인한다.

봉개동 용강 본향 웃무드내 궤당

17. 아라동 월평 본향 다라쿳당

아라동 월평 본향 다라쿳당은 영평·월평 마을의 본향당으로 제주 중앙고등학교 앞동산 '신대기ㅁ루' 과수원 안에 있다. 5평 정도의 당 안에는 보호수로 지정된 큰 폭낭이 있고, 입구에서 우측에는 제단이 있는데 몇 해 전까지만 해도 깨진 그릇이 엄청나게 쌓여 있었다. 아기가 아파 당에 가서 빌고 돌아갈 때는 그릇을 깨어두고 간다. 그릇을 깨는 이유는 '귀신방쉬'라고도 하고, 그릇을 깨고 와야 아기의 그릇 깨는 버릇이 고쳐진다고 믿기 때문이다. 당에 갈 때는 메를 세 그릇 가지고 가는데, 사발 메는 남신 '산신백관'과 여신 '은기 선생 놋기 선생' 몫이다.

아라동 월평 본향 다라쿳당

2장. 애월읍 당올레

애월읍 본향당의 성숲

탐라신화 수수께끼 2

성씨가 없던 탐라국의 고(高)의 왕(=높으신 왕), 양(良)의 왕(=어지신 왕), 부(夫)의 왕(=밝으신 왕)처럼 소천국의 딸에 처음 붙여진 성씨는 송씨할망이다.

애월 지역의 신당들은 대부분 '송씨할망' '축일한집' '서당국서' '일뤠중저'라 부른다. '송씨할망당'을 살펴보면, 광령1리 자운당 송씨할망, 광령2리 이숭굴당 송씨할망, 수산리 서목당 송씨할망, 구엄리 모감빌레당 송씨할망, 중엄리 당동산일뤠당 송씨할망, 신엄리 큰당 ㅂ름웃도 송씨할망, 금덕리 검은대기 남당밧 송씨할망, 금덕리 유수암 당아진밧 송씨할망, 동귀리 제신당 송씨할망, 하귀리 도코릿당 송씨할망, 상귀리 황다리궤웃당 송씨할망, 하가리 오당빌레 송씨할망, 납읍리 돗당 바구사니우영 송씨할망, 어음리 비메닛당 송씨할망, 소길리 당팟 송씨

할망, 곽지리 과오름 일뤠당 송씨할망, 봉성리 구머릿당 송씨할망 등
이다. 이들 송씨할망당은 '서당국서 일뤠중저' 즉 아이를 낳게 하고 길
러주는 산육신(産育神)이다. 그리고 이 신들은 남편신인 산신(山神)들과
갈등관계에 놓여 있다. 따라서 신들이 결혼·별거·이혼하는 화소(話
素)들이 신당의 형태와 어떤 관련이 있으며, 신들의 사랑과 갈등이 마
을 사람들의 생활 내용, 즉 어떤 문화의 수수께기를 가지고 있을까.

애월읍 광령1리 본향당 자운당은 '송씨 아미(女神)' '송씨 도령(男神)'
오누이를 모시고 있는 일뤠당이다. 나란히 서 있는 두 폭낭 밑에는 두
개의 화강암 석판이 연이어 놓여 있어 제단을 만들고 있는데 동쪽 굵
은 폭낭 밑이 누이 '송씨 아미'의 제단이고, 서쪽의 것이 '송씨 도령'의
제단이다. 이 두 오누이 신은 사랑의 신이며, 태어난 아기의 신이며,
피부병을 고쳐주는 신이다. 자운당의 주위는 무수천과 함께 당을 둘러
싸고 있는 수림이 아름다운 성숲을 이루고 있다.

애월읍의 중요한 성숲

애월읍 상귀리의 황다리궤당은 소앵동 서쪽 300m 지점, 냇가 밭 안
에 있는 당이다. 큰 바위 궤가 있고 작은 층계를 따라 내려가면 큰 궤
(巖窟)안에 여신을 모시고 당 입구 작은 바위 틈 새에는 남신을 모시고
있으며 주위는 자연수림으로 신당을 둘러싸고 있는 영험한 성숲을 이
루고 있다.

상귀리 본향 황다리궤당

고내리 장군당(큰당) 본풀이

장군당에는 김통정을 쫓는 세 장수(황서 · 국서 · 병서) 이야기가 나온다. 이야기는 새가 되어 관탈섬 앞 바다 위 무쇠방석에 앉은 김통정을 김방경 장군이 새우와 게로 변신하여 쫓아가 죽이는 변신신화이며 김통정의 연막전술, 재를 뿌리고 말꼬리에 빗자루를 매고 달려 안개를 일으켜 항파두리 토성을 감추었던 지략신화도 전해온다.

"아기업개 말도 잘 새겨 들으라"는 전설이 된 이야기도 있다. 이야기는 무쇠로 만든 견고한 성문을 "석달 백일 동안 불을 때면 되주."란 아기업개의 조언을 듣고 불을 때어 철문을 녹이고 항파두리 성을 함락시

컸다는 이야기다.

또 다른 이야기는 황서 국서 병서 세 장수가 아름다운 제주의 여신을 차지하기 위한 미녀쟁탈 신화도 전해 온다. 그리고 김통정이 마지막 전투, 최후의 항전을 위해 부인과 뱃속의 아이를 죽인 이야기도 전해온다.

큰당, 장군당과 셋칫영감당

옛날, 초나라 화양땅 명월당에서 일어난 세 장수 황서 땅의 황서, 을서(또는 국서) 땅의 을서(또는 국서), 병서 땅에 병서 세 장수가 〈김통정난리〉라 부르는 삼별초난의 장두 김통정을 잡으러 제주에 입도하였다. 그때 김통정은 고성 항파두리에 성을 쌓고 여몽연합군에 최후의 항전을 준비하고 있었다. 강남 천자국에서 김통정을 잡으러 온 세 장수는 애월읍 고내 포구에 정박하여 김통정의 삼별초 잔당을 쫓았고 김통정은 줄행랑을 치고 있었다.

탐라국 시절 제주도는 우마축산이 번성하고 각종 생산이 좋다고 하니 대국 천자국에서는 김통정을 제주도에 보내 형편을 정탐하고 오라고 보내었더니 김통정이 제주에 와서 보니 모든 물산이 풍부하고 살만하니 제주도에 정착할만 하였다. 그러니 김통정은 세 장수 황서·국서·병서 군대를 피하려고 애월읍 항파두리에 만리 토성을 쌓고 철문을 달았다. 김통정은 백성들에게 재 닷되, 빗자루 한 자루를 받아 재를 토성 바닥에 깔고 빗자루를 말꼬리에 달아, 말을 타고 만리 성을 뛰어 올 때 불재가 불려 제주섬이 감춰지게 성 위는 재 먼지 일어나 안개 탕천하니 천자국에서 온 세 장수는 앞을 가늠하지 못하였고 끝내는 세 장수는 항파두리성의 김통정을 잡으려고 토성 주위를 돌아도 성에 들어갈 수 없었다. 토성은 높았고, 높은 토성은 무쇠문이 큰 자물쇠로 단단하게 잠궈져 있었고, 세 장수는 토성에 들어갈 수 없었다. 그때 어떤 여자 아이가 나서서 "세 장수님 어리석기 짝이 없구나. 무쇠문에 석달 열흘 백일동안 불을 놓아 풀무질을 하면 알 도리가 있을 겁니다."하고 일러주었다.

그 말을 듣고 세 장수가 석달 열흘 쇠문에 풀무질을 하였더니 무쇠문은 녹아내렸다. 세 장수는 항파두리 토성 안에 들어갈 수 있었고 김통정은 도망가게 되었다. 그 즈음 김통정의 부인은 임신 중이었다. 김통정은 도망을 가며 내가 없으면 당신은 죽을 것이다. 그럴 바엔 내 손으로 당신을 죽이고 떠나는 게 낫겠다. 그리하여 김통정은 처를 찢어 죽여 던져두고 무쇠방석을 추자 관탈섬 근처의 물마루에 던져서 김통정은 그 무소방석이 물위에 떠서 무쇠방석 위에 앉아 있었다. 그러니 그 뒤에는 황서 땅에 황서님이 제비로 변하여 날아가서 김통정이 머리 위에 앉아 괴롭혔다. 을서 땅에 을서 님은 바다 새우가 되어 김통정이 앉인 그 무쇠방석을 잡아당기며 괴롭혔다. 그리고 국서땅에 국서님은 은장도를 받아들고 김통정이 모가지를 흔드는 순간에 김통정의 목에 비늘이 조금 들러질 때, 은장도로 모가지를 베어서 김통정을 잡았다. 세 장수는 김통정의 목을 천자국 상관에게 베어 바치고, 고내봉 북쪽을 바라보니 요왕국 막내딸아기 월궁 선녀가 만년 팽나무 아래 앉아 있었다. 세 장수 모두 이 월궁선녀같은 요왕국 따님의 아름다움에 미쳐서 따님을 찾아와 혼인을 하였고, 오름 아래 좌정하였다. 세 장수는 고내리 리민 남녀노소 나무와 물을 차지하여 토지관이 되었다. 이 당의 제일은 정월 초하루, 팔월 보름날 1년에 두 번 제를 지냅니다.

옛날 고씨댁의 힘이 장사인 하르방이 고내리에 살았다. 관에서 백성들에게 받아가는 세금은 너무 심하여 큰 당도리 처곽선을 등에 걸머지고 성안 읍중에 들어가려 하니 배가 너무 커 문에 걸려 성안에 들어갈 수 없었다. 문지기가 이 사실을 목사에게 이르니 목사가 분부를 내리기를 "납세를 받지 말라."는 분부였다. 그로부터는 마을에서 고씨댁 하르방 덕으로 납세를 면하게 되어 어부들이 편안하게 되었다 한다. 그때부터 따로 어부와 해녀들이 고씨 하르방을 위망적선하게 되었다. 그리고 본향제를 지내는 날, 고내리에 사는 얼굴 좋고 언변이 좋고 힘이 센 셋칫영감이 가죽으로 허벅지까지 감싼 바레바지에 두룽다리 모자를 둘러쓰고 바다에 고기낚으러 갔다오다가 당에서 굿하는 소리를 듣고 "마을 토지관이 자손을 괴롭히고 있다."고 붕어눈을 부릅뜨고 삼각수염을 거슬리고 청동같은 팔뚝을 내흔들며 말하기를, "토지관이 별한 거냐? 내가 먼저 앉을테니 어서 가져와라."고 말했다. 그후로 셋칫영감은 따로 상을 놓고 옛날부터 정월 초하루와 팔월 보름에 축원하게 되었다. 이 신을 잘 위하면 행복을 주고, 잘 위하지 않으면 악화를 주는 신당입니다.

(애월읍 신엄리 남무 양태옥 님, 여무 진유아 님)

황다리궤 송씨할망당 본풀이

황다리궤당의 부부신은 송씨 할망과 강씨 하르방으로 낳는 날 생산을 차지하고, 죽는 날 물고(物故), 장적(저승의 호적), 호적(戶籍), 인물 도성책을 차지한 신이다. 이 당 앞에 앉아서 서서 굿을 하며 당을 매던 옛 선생님(조상) 대신으로 이 앞에 섰습니다. 성은 김씨 무오생(戊午生) 몸을 받은 당줏문을 열어 상안채(무구를 가지고 다니던 포대) 거느리고 이 당 마을 신당 한집 초감제에 오십시오."본풀이를 보면, 송씨 할망(女神)은 안쪽 큰 제단(上壇)에 모시고, 강씨 하르방은 바깥쪽 작은 제단(下壇)에 모셨으며, 이들 당신은 마을 사람들의 생산(生産) 활동과 마을에서 발생하는 뜻하지 않는 불의의 사고, 예를 들면 화재가 나고 전염병이 돌고, 갑자기 흉년이 들거나 하는 불행한 일들(物故), 마을 사람들의 이승의 호적과 저승의 호적(帳籍), 마을 사람들의 얼굴들을 기록한 책, 지금으로 말하면 사진첩 등(인물 도성책)을 가지고 있어, 마을을 수호해 주고 있다는 것, 남신은 장수신으로 그리고 있는 점 등이 신화 속에 나타난다. 당의 형태로 보면, 여신이 맑고 맑은 조상, 깨끗하기 때문에 좋은 곳, 하늬바람 부는 쪽에 좌정하고, 남신은 고기를 먹는 부정한 신이기 때문에 여신에게 쫓겨나 마파람 부는 쪽에 좌정하고 있다는 것이다.

당과 당 사이에 울타리를 두른 것은 여신이 부정한 남편과는 같이 살지 않겠다는 강력한 별거 모티브를 나타내고 있는 한 집 안에 다른 방을 쓰는 형태(同堂異壇型)의 신당이다. 또 하나 특이한 점은 다른 애월 지역의 송씨 할망당은 여신이 임신했을 때 돼지고기를 먹어 남편에게 쫓겨나는 데, 황다리궤당은 장수신, 수렵목축신인 남편신이 고기를 먹었기 때문에 도리어 여신에게 쫓겨나 '마파람 부는 곳'에 좌정한 애월읍 송씨 할망 계열 신당의 이형태의 당인 셈이다. 황다리궤당은 애월 지역 송씨 할망 신당이 지니는 부부별거의 내용을 지녔을 뿐만 아니라 위치와 형태로 보아도 천변형(川邊型), 궤형(巖窟型)의 신당으로 제주도를 대표하는 신당 유적으로서 가장 볼만한 신당 중 하나이다.

18. 광령리 마씨미륵당

광령리 마씨미륵당은 무수천 상류 제2광령교를 지나 광령리로 내려오는 시멘트 소롯길에 들어서면 보이는 목장 안에 있다. 광령리에는 옛날 길이 험할 때는 찾아가기 힘든 당이 하나 있다. 70년대 70살의 나이로 죽은 마용기, 생전에 그는 미륵당을 지키는 '심방'이라기보다는 '도사'라 불리던 분이었다. 마씨하르방은 키가 6척이었으며, 기골이 장대하여 힘도 장사였을 뿐 아니라, 신자들은 그를 산신령이라 했다. 마씨하르방은 촐(꼴)을 등짐으로 져 나를 때 보면 한 눌(낟가리) 만큼 져, 작은 산 하나를 지고 나르는 것 같았다 한다. 그런 그가 지키는 당은 어느 마을에서나 마찬가지로 음력 초이레(七日), 열이레(十七日), 스무이렛 날(二十七日) 아이가 아팠을 때, 아이의 병을 낳게 해달라고 여인네들이 찾아가는 일뤠당이었다. 그런데 그 당에는 사람처럼 생긴 돌에 복신미륵(福神彌勒)이나 돌하르방처럼 정교하게 만들어진 건 아니지만 음각으로 눈, 코, 입을 깎아 만든 미륵을 모시고 있다. 당신은 마씨하르방, 마씨 조상미륵이다. 신체는 3개의 미륵돌(2개는 분실됨) 신석이다. 지금도 죽어서 신이 된 테우리나 도사라기보다는 한라산신령 이야기가 전해오는 당이다.

광령리 마씨미륵당

19. 광령1리 본향 자운당

광령1리 본향 자운당은 '송씨 아미' '송씨 도령'을 모시고 있는 일뤠당이다. 오누이처럼 나란히 서 있는 두 폭낭 밑에는 두 개의 화강암 석판이 연이어 놓여 있어 제단을 만들고 있는데 동쪽 굵은 폭낭 밑이 누이 '송씨 아미'의 제단이고, 서쪽의 것이 '송씨 도령'의 제단이다.

"천년지 폭낭, 만년지 폭낭, 금폭낭 아래 좌정하시던 송씨아미, 송씨 도령 들어오면 드는 본향, 흩어지면 각서 본향"이라 하였고, 제주의 신당 중 남녀합좌의(오누이합좌) 유일한 당이다. 이 두 오누이 신은 사랑의 신이며, 생불의 신이며, 피부병을 고쳐주는 신이다. 송씨할망당은 애월읍 대부분의 지역, 그리고 한림 지역은 귀덕리까지 분포돼 있는 '서당국서 일뤠중저' 즉 아이를 낳게 하고 아이를 길러주는 산육신(産育神)이며, 피부병을 고쳐주는 신이다. 광령1리 자운당은 오누이가 함께 좌정하고 있는 남녀합좌형의 신당이다. 결혼할 수 없는 오누이가 동일한 기능을 지닌 산육신으로 같이 합좌하고 있는 것은 '오누이의 사랑'으로 완성되는 산육신의 능력, 송씨아미의 아이를 낳는 능력, 송씨도령의 아이를 키우는 능력으로 분담되고 있다.

광령1리 본향 자운당

20. 상귀리 본향 황다리궤당

상귀리 본향 황다리궤당의 당신은 ᄇ름웃도 송씨부인, ᄇ름알도 강씨영감 부부심을 모시고 있는 부부별좌형, 동당이단형의 당이다. 제물은 강씨영감에게 돼지고기를 올린다. 본풀이에 의하면, "서소문(西小門) 밖을 나서면 하귀리가 되며, 여기서 위쪽으로 올라가면 중산촌입니다. 상귀리는 천하 대촌 마을 양촌(良村)입니다. 만민 자손들이 이 당을 모시게 된 것은 송씨할망이 소국에서 귀양을 와서 이곳에 당신으로 좌정하게 되어서 입니다. 옛날 이형상 목사 시절, 당 오백 절 오백을 부술 때, 이 당신은 어디에서 왔는지 모르지만 흰비들기 한 쌍이 날아와 황다리궤(당이 있는 곳) 만년 폭낭 아래, 천년 폭낭 밑에 좌정하였습니다. 상궤(위쪽의 굴) 아래는 송씨할마님이 좌정하고, 저쪽 아래쪽에 가서 강씨하르바님 삼천백마 일만초깃발을 거느리고 좌정하시던 신도본향 한집(堂神)님입니다. 신감상, 줄이 뻗고 이 마을 낳는 날 생산을 차지하고, 죽는 날 물고, 장적 호적 인물 도성책을 차지한 한집님입니다. 이 당 앞에 앉아서 서서 굿을 하며 당을 매던 옛 선생님(조상) 대신으로 이 앞에 섰습니다. 성은 김씨 무오생(戊午生) 몸을 받은 당줏문을 열어 상안채(무구를 가지고 다니던 포대) 거느리고 이 당 마을 신당 한집 초감제에 오십시오."

상귀리 본향 황다리궤당

21. 하귀리 본향 돌코릿당

하귀리 본향 돌코릿당은 하귀초등학교에서 남쪽 300m 지점에 있다. 신체는 신목이며, 당신은 산신주영감, 노산주부인 부부를 모시고 있는 부부별좌형(夫婦別坐形)으로 신의 계보는 산신계(男神)와 산육치병신계(女神)의 두 신이다. 당 바닥과 제단을 시멘트로 만들었다. 제단 위에 시멘트 구멍을 2개 내서 궤로 쓰고 있으며 자연석으로 궷문을 만들어 막아두고 있다. 제단 오른쪽으로 나지막하게 또 시멘트 제단이 그곳에도 궤가 2개 있다. 제단 오른편의 나무에 지전, 물색, 명주실이 걸려있으며 제단 왼편에 큰 폭낭이 있지만 거기에는 지전, 물색이 걸려있지 않다.

부부별좌형의 당으로 당신은 산신주 영감과 노산주 부인이며 제일은 1월 1일, 7월 중순, 10월 중순이다. 제물은 돼지고기를 사용하며, 신의 기능은 생산 · 물고 · 호적 · 장적을 관리한다.

하귀리 본향 돌코릿당

22. 납읍리 본향 바구사니 우영 돗당

납읍리 본향 바구사니 우영 돗당은 과수원 한가운데 조성된 감귤밭 밭담 틈에 있으며 '신당으로 가는 길' 잣담 옆으로 이어져 원래의 당올 렛길이 뚜렷이 남아있는 당이다. 신목(당나무)은 당 안에는 있는 후박 나무와 폭낭이다. 이 당을 '당폭낭'이라 부르는 것으로 보아 멀리 이사 무소에서 보이는 〈팽나무(폭낭)〉가 우주목(하늘나무) 또는 신폭낭이라 생각하는 것 같다. 이 당의 본초(본풀이)는 "소길리 장전리의 정씨 나 라 정씨 부인으로부터 가지 갈라온 송씨 할망"이라 하며, 제일은 매 8 일이나 해일(亥日)이며 정초에는 택일하여 간다. 제물은 매 2그릇, 돌 레떡, 과일, 콩나물, 돼지고기, 백지, 명주실, 쌀 1그릇, 보리 1그릇, 물색, 지전, 생선, 감주 등을 가지고 간다. 과수원 한복판, 두 과수원 의 경계점에 길쭉한 모양으로 당이 있다. 자연석을 쌓아 당 경계를 둘 렀다. 당 한쪽으로 예덕나무, 폭낭이 자라고 있고, 지전물색, 다라니 등이 걸려있다. 당 입구 왼쪽으로 소각장이 있고 깨진 그릇조각, 오래 된 그릇 등이 소각장 옆에 쌓여 있다. 신목 앞에 자연석을 모아 쌓아 제단을 마련했다. 제단 위 한쪽에 자연석을 모아 쌓아 궤를 만들고 그 안에 과일이 들어있으며 신목아래에도 궤가 마련되어 있고 그 안에는 몽당 초가 있다. 입구 오른쪽으로도 과일, 떡, 대추 등이 쌓여 있다.

납읍리 본향 바구사니 우영 돗당

23. 봉성리 본향 구머릿당

봉성리 본향 구머리 송씨할망당은 구머릿당, 묘일당, 톳당(토끼당)이라고도 한다. 당신은 구머리 송씨할망이며 당에 사용하는 제물은 사발메 1기, 보시메 2기, 돼지고기를 쓴다. 제일은 묘일(卯日)이거나 택일하여 다닌다. 당의 위치는 구머리 마을 안 연못 서쪽 200m 지점에 방사탑이 있고 방사탑 북쪽에 당이 있다. 당의 입구에 음료수병, 소주병이 매우 많이 쌓여있다. 밭담을 경계로 삼아 당 울타리를 둘렀고, 밭담이 아닌 부분도 쌓았다 무너진 흔적이 있다. 멀구슬나무와 꽝꽝나무에 지전,물색,명주실,다라니 등이 오래된 것부터 최근 것까지 다양하게 걸려있다. 나무 뒤쪽에 가서 덤불이 우거진 곳에 보면 깊숙한 곳에부터 바깥쪽까지 지전, 물색이 걸려 있는데 처음에는 당이 안쪽 깊숙한 곳이었으나 덤불이 점차 우거지면서 점차 바깥쪽으로 지전, 물색을 걸어온 것으로 보인다.

봉성리 본향 구머릿당

24. 장전리 능선이 본향 고지물 일뤠할망당

장전리 능선이 본향 고지물 일뤠할망당은 장전초등학교에서 동쪽 다리 건너 길가에 시멘트로 포장된 나지막한 동산으로 올라가는 길이 있다. 그 동산 위에 당이 있다. 들어가는 입구는 자연석으로 계단을 만들어 쌓았으며 그 입구에 소지 등을 태운 흔적이 있다. 돌담을 쌓아 울타리를 만들었고, 정면에 폭낭이 있다. 예전에 있던 폭낭이 고사하면서 새로 폭낭을 심어 버팀목을 해 두었다고 한다. 제단 한편의 어린 폭낭에 지전, 명주실, 물색 등이 걸려 있고, 그 옆의 송악에도 명주실, 물색이 걸려 있다. 큰 바위를 3개 겹쳐 놓아 제단을 만들었고 계단 위에는 예전 신목이었던 듯 잘려진 나뭇가지에 오래된 오래된 지전, 물색이 걸려있는 채 쌓여있다. 좌정형태는 남녀 두 신위 이당별거형으로 일뤠당계 일뤠할망과 한라산계 산신백관이다. 당에 쓰는 제물은 메 2기, 술, 과일, 계란, 생선, 돌레떡을 올린다. 당의 유래를 보면 이 당은는 금덕(유수암)에서 가지 갈라 온 당이다.

장전리 능선이 본향 고지물 일뤠할망당

25. 용흥리 본향 진빌레 송씨할망당(일뤠당)

용흥리 본향 진빌레 일뤠당의 당신은 송씨일뤠할망이다. 여신 혼자 모시고 있는 독좌형(獨坐形)으로 신체는 신목(폭낭)이고 신의 계보는 일뤠당계 송씨할망이다. 신의 기능은 아이를 낳고 기르고(産育) 아기의 피부병을 고쳐주는(治病)의 기능이다. 제일은 택일하여 다니며 당에 갈 때 사용하는 제물은 메 1그릇, 술, 생선, 채소, 과일, 계란 등이다.

당의 입구에 정낭이 있다. 당 안에 들어가면 나무를 중심으로 둥글게 겹담으로 돌담을 쌓았고 그 앞에 크게 당굿 준비를 위한 당집을 지어 두었다. 현무암을 다듬어 두 나무 사이에 신의 위패를 세우고 제단을 만들었다. 제단 왼쪽 앞에 궤가 하나 있고 대리석으로 막아둔 상태이다. 지전물색은 보이지 않으며 당은 최근 한두 달 사이에 새로 정비했다. 바닥도 시멘트로 정비 되어 있으며 제단 오른편 담장 아래 자연석과 시멘트로 만든 제단이 또 있다. 본향당에서 포제도 함께 하는데 최근에는 당에 다니는 사람이 줄어 당보다는 포제단의 성격이 더 강해졌다.

용흥리 본향 진빌레 송씨할망당(일뤠당)

26. 신엄리 본향 당빌레왓 송씨할망당

신엄리 본향 당빌레왓 송씨할망당의 당신은 ᄇᆞ름웃도 송씨부인, ᄇᆞ름알또 김씨영감이다. 남녀 신을 당에 함께 모신 동당이좌형(同堂異坐形)의 신당으로 신체는 신목(팽나무)이며 신에 계보는 일뤠당계 송씨할망이다. 송씨할망의 기능은 아이를 낳아주고 길러주는 일(産育)과 아이의 피부병을 고쳐주는 일(治病)을 맡고 있다. 당의 제일은 매 7일이며, 당에 갈 때 준비하는 제물은 메, 생선, 사과, 제주, 시렁목 등이다. 당은 구엄에서 가지 갈라 와 당빌레왓 청기와집에 좌정한 송씨할망이다.

당에 들어가는 입구가 올레로 되어 있다. 시멘트와 자연석으로 계단을 만들어 두었다. 입구 좌, 우에 폭낭 두 그루가 있고 왼쪽 폭낭에 명주실이 한 묶음 걸려 있다. 시멘트에 양철 지붕을 덮어 당집을 지었고 그 앞에 제단 4개가 마련돼 있다. 중심에 신위를 모신 당집이 있고 왼쪽에 2개, 오른쪽에 1개 현무암을 다듬어 당집 모양으로 궤를 3개 만들었다. 당집 안의 신위에는 '本鄕尊靈之ㅇ'라 적혀 있는데 마지막 글자는 땅에 묻혀 보이지 않는다. 당의 가장 안쪽에도 폭낭이 한그루 있는데 그곳에도 물색과 명주실이 걸려 있으나 모두 오래된 것들이다.

신엄리 본향 당빌레왓 송씨할망당

27. 고내리 본향 큰당(장군당)

고내리 본향 큰당의 당신은 황서, 국서, 병서, 셋칫영감, 요왕부인 별공주까지 신위의 수는 남신 4위, 여신 1위를 모신 다신합좌형(多神合坐形)의 당이다. 신체는 위패(位牌)이며 신의 계보는 외래신계 장수신, 해신계의 신이다. 제일은 1월 1일과 8월 15일이며, 당에 가져가는 제물은 메 1기, 과일, 생선, 술을 올리지만 돼지고기는 올리지 않는다.

큰당에는 장군이 그려져 있는 당기(堂旗)가 있어 당굿을 할 때면 그 기를 세우고 굿을 한다. 당 입구에 시멘트로 '서기 1971년 1월 19일 준공'이라는 글씨가 새겨져 있다. 당 마당 바닥에 잡풀이 자라고 있으나 전체적으로 잔디가 있어 정비가 잘 되어 있다. 당집 안에 '本鄕之神位' 위패를 세우고 시멘트로 2단 제단을 만들었다.

고내리 본향 큰당(장군당)

3장. 한림읍·한경면 당올레

한림읍·한경면 본향당의 성숲

탐라국 신화의 수수께끼 3

한림읍과 한경면은 원래 한 마을이었다. 지금도 제주도의 일뤳당과 산신당이 이 지역만 축일당과 오일당으로 달리 불리는 것만 보아도 탐라국 이전의 신화로 마을 이름은 한수풀 '큰 수풀[성숲]', 신의 성지로써 금악산[알타이 산]은 배달과 단군조선 시대의 지명이 남아있는 것이며 그런한 의미를 살리면 탐라국에 단군조선의 유민이 이동해 온 5000년 전을 그릴 수 있는 것이다.

한림읍의 중요한 성숲

한림읍의 성숲을 이루는 금악리의 본향당 ㄸ신ㅁ들 "따뜻한 머들" 축일할망당을 애워싸고 있는 성숲, 당동산 오일하르방당의 성숲, 한림읍 상명리 느지리 동산의 케인틈 축일할망당의 성숲, 한경면 낙천리

소록낭ᄆ들 오일하르방당의 성숲은 고귀하고 아름다운 문화경관이 아
닐 수 없다.

한림 금악리 본향 당동산 오일하르방당

한림 금악리 아미당

금악당 본풀이

금악리의 〈당본풀이〉는 사냥을 하던 수렵신 황서국서와 농경신인 정좌수 따님이 결혼하여 금악 마을의 당신이 된 유래를 설명하는 신화다. 본풀이에 의하면, 정좌수의 딸이 아버지와 함께 시집을 가지 못한 처녀로 살다가 아버지의 임종을 맞게 되었다. 아버지가 마지막 잡은 노루(角鹿)의 간을 약으로 쓰겠다고 했다. 딸이 횟감을 썰다가 한 점을 떨어뜨렸는데 줍지 않고 내버려 두었다. 아버지에게 횟간을 가져가니, 아까운 횟감을 버렸다고 욕을 하며, 힘든 사냥으로 겨우 노루(角鹿)를 잡던 이야기를 들려주고 죽는다. 정좌수 따님아기는 아버지를 묻고, 아버지가 사냥하던 발자국을 따라 한라산으로 올라갔다. 한라산에 올라가다 길을 잃고 추위와 굶주림으로 사경을 헤매던 중 연기가 나는 바위굴(궤)을 발견하고, 거기서 사냥꾼 황서국서를 만나 그의 도움으로 목숨을 구하게 되었다. 황서국서가 그간의 사정을 물으니, 자초지종을 얘기하자, 황서국서는 정좌수와 같이 사냥하던 얘기를 들려준다. 황서국서가 산 위에서 노루(角鹿)를 아래로 몰면, 정좌수가 쏘아 맞추고, 아랫목에서 못 맞추면, 위로 몰아, 황서국서가 이를 쏘아 맞추면서 함께 사냥을 했다는 것이었다. 둘은 눈이 맞아 결혼을 하고 한라산을 내려왔다. 산을 내려 금악 오름에 와 좌정할 곳을 살펴보았다. 부부는 금악 오름이 너무 높아 자손들의 제물공연을 받기 어렵겠다고 생각하고 오름(峰) 아래 좌정하기로 하였다. 오일당(午日堂) 알당(下堂)밭 '당동산'에 가보니 말뼈가 널려있었다. 남편은 노루(角鹿)를 쏘았기 때문에 당동산에 남겨두고, 정좌수 따님아기는 '또신무들(=지명)'에 축일(丑日) 한집으로 좌정하여, 아들, 딸 송이송이 벌어졌다 한다. 금악리 당신의 계보를 살펴보면, 아들 간 데 열여덟, 딸 간 데 스물여덟, 손지(孫子) 방상 이른 여덟으로 뻗어나가 이웃 마을의 당신으로 좌정하였다.

큰아들은 종구슬 고완이, 둘째 아들은 명월 하원당, 셋째 아들은 널개, 큰딸은 저지 허리궁전, 둘째 딸은 느지리 케인틈, 셋째 딸은 매와지 삼대바지에 좌정하여 마을의 당신이 되었다고 한다.

금악리의 〈당본풀이〉는 당신의 계통을 설명해 준다. 아들 딸 손자가 마을을 떠나 좌정처(座定處)를 정하고, 다른 마을의 당신이 되었다는 것이다. 딸들이 마을을 떠나는 경우는 다른 지역의 남자와 결혼하여 출가하는 것이다. 당 신앙은 시어머니에게서 며느리로, 또는 어머니에게서 딸에게로 계승되며, 결혼은 단일 성씨 집단이었던 초기에는 다른 마을로 떠나 사는 원인이 되었기 때문에 마을의 형성보다도 신앙과 문화의 전파 역할을 하였다. 이러한 아들, 딸들의 이동이 손자에게 이르면, 제주도의 상당한 지역에 금악리와 비슷한 생산 기반과 신앙을 토대로 한 신앙권·경제권·통혼권 역이 형성되고 새로운 역사가 만들어지는 것이다.

〈금악계 신들의 좌정 계보도〉

오일당(남편) : 황서국서 = 정좌수 뜨님 : 축일당(妻)

↓

〈아들〉	〈딸〉
첫째 종구슬 고완이,	첫째 저지 허리궁전
둘째 명월 하원당,	둘째 느지리 캐인틈
셋째 널개,	셋째 매와지 삼대바지
	넷째 금악 갯거리 아미당

축일당(丑日堂)과 오일당(午日堂)

축일당과 오일당은 한림읍과 한경면 지역에 분포돼 있는데, 이 신당들을 조천읍, 구좌읍 등 산북의 동부지역과 비교해 보면, 오일당은 송당계 산신(山神)과 유사하며, 축일당은 송당계 여신 '서당국서 일뤠중저'라는 일뤠당처럼 농경신이며 산육·치병신이다. 다시 말하면 축일당 계(丑日堂系)는 한라산 북서쪽 지역의 한경면, 한림읍을 중심으로 대정읍 일부 지역과 애월읍, 제주시까지 분포된 농경신의 당이다.

금악계 당신의 아들 신은 대개 송당계 수렵·목축신과 유사한 오일당계의 당신이며, 이들이 좌정하고 있는 신당은 '말날(午日)'에 제를 지내는 〈오일당〉이다. 그리고 금악계 당신의 딸 신은 축일당계의 농경·목축신으로 이들이 좌정하고 있는 신당은 '쉐날(丑日)'에 제를 지내는

〈축일당〉이 된다. 금악리의 당신인 남신은 〈하로산또〉로 수렵신이며, 그의 처신은 '호근이ᄆ루' 정좌수의 딸로 농경신이다. 제일이 오일(午日)인 것은 사냥에 필요한 말(馬)과 관련이 있고, 축일(丑日)인 것은 농사에 필요한 소와 관련되기 때문에 이곳의 제일도 신의 직능이나 성격과 관련하여 축일(丑日)과 오일(午日)로 정해진 것이다. 이 축일신 계 본풀이에도 임신 중 육식금기 파기로 인하여 남신과 별거, 피부병신이 되는 모티브가 따른다.

28. 한림 금능리 본향 연딧가름 영감당

한림 금능리 본향 연딧가름 영감당은 금능리 능향원 내 포재단 오른쪽(동쪽)에 위치한다. 할망당과 마찬가지로 큰 자연석을 이용해 당 경계를 둘렀다. 당 입구에 소주병이 열댓 개 보이며 사발, 일회용접시 등도 있다. 바닥은 시멘트로 정비했다. 위패 앞과 좌, 우로 제단이 마련돼 있고 향로와 촛대가 있다. 조사 당시 오른쪽 제단에는 밥그릇과 수저가 놓여 있고 촛대에 초가 꽂아 져 있었다. 제단 오른편에 궤가 하나있고 자연석으로 반쯤 막아져 있다. 신위 뒤쪽의 돌담에 명주실 한 묶음과 지전 한 장이 걸려 있다. 당의 제물은 메 3기, 직접 낚은 고기, 돼지고기를 쓴다. 당의 유래를 보면 하르방이 돼지고기와 술을 먹으니할망이 부정하다 하여 따로 좌정한 당이다.

한림 금능리 본향 연딧가름 영감당

29. 한림 상명리 본향 느지리 케인틈 축일할망당

한림 상명리 본향 느지리 케인틈 축일할망당은 어느 마을보다도 본
향당을 둘러싸고 있는 아름다운 성숲이 작은 동산을 이루고 있다. 상
명리 느지리 케인틈 축일 할망당(축일당)은 조성동 동헌대(東軒臺) 옆 게
이트볼장 남쪽 시멘트 길을 따라가면 동산위로 이어지는 시멘트 계
단이 보인다. 그 위로 올라가면 약간 움푹하게 패인 공간 안에 당이
있다. 주위는 암반 지형이고 매우 큰 구실잣밤나무를 신목으로 삼고
있은데 한복, 다라니, 지전, 물색, 명주실 등이 걸려있다. 당신의 이름
은 느지리 케인틈 축일한집으로 금악리 당신의 둘째 딸이며, 당의 신
체는 신목형(폭낭), 신석형이다. 당의 형태는 신목형·동산형·신석(궤)
형이다. 제물은 돼지고기를 사용하지 않는다. 메 1기 올리며, 제일은
정월 첫 축일이다. 당신의 기능은 생산·물고·호적·장적이다. 양씨
상단골이다.

한림 상명리 본향 느지리 케인틈 축일할망당

30. 한림 상대리 본향 종구실 고한이 축일당

한림 상대리 본향 종구실 고한이 축일당은 상대리 서부산업도로 상
대리 입구에서 북쪽으로 100m쯤 내려가다 서쪽으로 난 시멘트 길로
200m 가다 보면 좌측 소나무 밭에 있다. 이 당은 상대리 본향당이라
하는데 당신 이름은 종구실 고한이ㅁ를 노ㅂ름 축일한집, 금악 당신의
첫째 아들이다. 당의 신체는 신목이며 당의 형태는 신목형·제단형·
석원형·지전물색형 이다. 동쪽에 시멘트로 만든 제단이 있고 제단에
는 상궤·중궤·하궤를 만들어 돌로 구멍을 막고 있다. 이 구멍은 잡
식하여 제물을 넣는 구멍인데, 신이 이곳에 머문다는 관념이 작용하고
있다. 제물은 돼지고기를 사용하며, 당에가는 제일은 매달 축일(丑日)
과 술일(戌日)이다.

한림 상대리 본향 종구실 고한이 축일당

31. 한림 명월리 본향 백문이옥 하원당

한림 명월리(중동) 본향 백문이옥 하원당은 축일당이다. 당의 제물은 할망은 사발메 1기, 바닷고기 전마리, 하르방은 보시메 1기 바닷고기 반 마리를 준비한다. 이 당의 유래는 금악리의 황서국서와 정좌수 따님아기 사이에 난 셋째 아들이다.

당은 자연석을 둘러 당 울타리를 만들었다. 입구쪽 제단이 할망당, 안쪽 제단이 하르방당이다. 입구쪽 신목에 지전, 물객, 명주실과 천원짜리 지폐들도 걸려 있으며 최근의 것도 제법 많다. 바닥에 소주병, 음료수 병이 널려 있다. 입구쪽 제단에는 몽당초도 여러 자루 보인다. 안쪽 제단과 입구쪽 사이에 10cm 정도의 낮은 돌로 경계를 지었다. 제단은 모두 자연석으로 만들었으며 입구쪽 제단 한쪽에 자연석 쌓은 틈을 활용하고 있고 평평한 자연석으로 입구를 막아두었다.

한림 명월리 본향 백문이옥 하원당

32. 한림 금악리 본향 뜨신ᄆᆞ들 축일할망당

한림 금악리 본향 뜨신ᄆᆞ들 축일할망당은 국도에서 남서쪽 약 1km 지점에 있는 당동산 오일당 동쪽 300m 지점 밭 사이에 있다. 이 당의 당신을 웃당밧 뜨신ᄆᆞ들 축일한집, 호근이ᄆᆞ를 정좌수 뜨님애기라 한다. 당의 신체는 신목(검은 가시나무)이며, 당의 형태는 신목형·제단형·전답형·지전물색형이다. 제물은 돼지고기를 사용하지 않으며 사발메 1기, 보시메 2기를 올린다. 제일은 정월 첫 축일에 다니며 당신은 본향신으로 생산·물고·호적·장적을 차지한 신이다.

제물을 가져갈 때 사발메는 정씨 할망, 보시메는 황씨 하르방 몫으로 가져가고 산신을 믿는 사람은 메를 네 그릇 가져가는데 그 중 한 그릇은 황씨하르방 본부인 몫이라 한다.

신당 안에는 폭낭 대여섯 그루가 자라고 있다. 신목으로 삼고 있는 구실잣밤 나무 앞에 큰 자연석들을 놓아 제단을 삼고 있다.

한림 금악리 본향 ᄄ신ᄆ들 축일할망당

33. 한림 금악리 본향 당동산 오일하르방당

한림 금악리 본향 당동산 오일하르방당은 금오름이 비스듬히 보이는 국도 남서쪽 1Km 떨어진 지점 '당동산'에 있다. 오일하르방당(오일당)의 당신 이름은 알당 국서대서 황서국서, 당동산 오일한집이다. 당의 신체는 신목(폭낭, 대나무)이며 당의 형태는 신목형 · 제단형 · 지전물색형 · 석원형 · 동산형이다. 제물은 돼지고기를 사용하며 사발메 1기, 보시메 2기를 올린다. 제일은 정월 첫 오일이며 당신의 기능은 생산 · 물고 · 호적 · 장적 차지한 신이다. 금악리 강씨(姜氏) 집안에서는 오일당에만 다니고 정씨 축일당에는 다니지 않는다. 당 주변은 대나무밭이다. 입구에 소주병이 여러 병 있다. 입구 오른편 폭낭을 신목으로 삼고 있다.

한림 금악리 본향 당동산 오일하르방당

34. 한림 비양리 본향 술일당

한림 비양리 본향 술일당(개당)의 신은 종남머리 술일한집 송씨하르 방이다. 제일은 술일(戌日)이며 제물은 메 1~3기, 돼지고기, 생선, 과일, 세 종류를 올린다. 당의 본풀이를 보면 비양도 한삼리 영감당 한집은 아방궁은 송지장, 어멍국은 벨파장(진도), 독개(옹포리)에서 가지 갈라 뱃선왕으로 모신 영감(도깨비)조상이다.

당은 자연석으로 둥글게 울타리를 쌓았고 당 입구에 들어서면 좌우로 당이 나뉘어 있다. 왼쪽의 당은 최근에 정비한 것이고, 오른쪽의 당은 예전에 다니던 당이라 한다. 왼쪽의 당은 주변보다 약간 낮은 지대로 시멘트와 자연석으로 2단 제단을 만들고 제단 뒤쪽으로 신목인 사철나무가 자라고 있다. 사철나무 아래로는 자연지형의 궤가 있다. 신목에 지전, 물색, 명주실이 많이 걸려 있으며 한복이 걸려 있고 제단 안쪽으로도 한복이 있다. 당 바닥에는 잔돌을 깔아 두었다. 입구 오른쪽의 당은 약간 높은 암반층이며 신목의 밑동부분에 위치한다. 사람이 한두 명 들어갈 좁은 공간이 있고 그 안에 초, 소주병 등이 있다. 자연석과 시멘트로 만든 작은 제단이 있고 제단 위에 궤가 하나 있다. 신목은 위쪽 당에서 자라서 아래쪽 당까지 가지를 뻗고 있다.

한림 비양리 본향 술일당

35. 한경 고산리 본향 당오름 당목잇당

한경 고산리 본향 당오름 당목잇당은 마을 북쪽 입구 한길 가 당산 봉(당오름) 세거리 길 바로 위쪽에 있다. 당신의 이름은 당오름 축일본 향 법서용궁 유황용신이다. 신체는 신목, 신혈이다. 당의 형태는 당집 형[堂宇型]·석원형·제단형·신목형·위패형이며 당 제일은 축일, 당 에는 메 3그릇, 돼지고기를 제외한 모든 음식을 올린다. 당신의 기능 은 생산·물고·호적·장적을 차지한 본향신이다. 옛날 목사도 말에 서 내려 지나가지 않으면 말이 발을 저는 센 당이다.

당목잇당은 일주도로변에 옛 차귀당 터임을 알리는 내력을 적은 비 석이 있다. 당 들어가는 길목 오른편 오른편으로 당 정비 기금 희사자 명단, 당 소개를 적은 비석 2개가 있다. 당은 사각형으로 돌담을 쌓고 윗면에 시멘트를 바르고 슬레이트 지붕을 덮었다. 출입문은 유리문으 로 했으며 정면에 2단으로 제단을 만들었다. 제단 위에 궤가 3개가 있 으며 당집 바닥에는 초, 소주병, 사탕 봉지 등이 한쪽에 쌓여 있고 당 집 벽 돌 틈에도 사탕이 끼워져 있다.

한경 고산리 본향 당오름 당목잇당

36. 한경 고산리 자구내 갯그리할망당

고산리 자구내 포구 동쪽 100m 지점 절벽 아래 있다. 당의 명칭은 자구내 갯그리 할망당, 자구내 개당이라 한다. 당신 이름은 자구내 갯그리 할망, 해신당 할망, 선주당 할망이라 한다. 신체는 신목(잡목), 신상 형이다. 당의 형태는 신목형 · 지전물색형 · 신상형 · 해변형이다. 당에 올리는 제물은 메 2~3기와 돼지고기를 포함한 음식을 올린다. 제일은 매달 초하루 보름에 다닌다. 당신의 기능은 어부 · 해녀 수호신, 선박 수호신이다.

당은 자구내 포구 북동쪽으로 보면 시멘트 벽에 네모난 구멍이 2개 뚫린 곳이 보인다. 한쪽 면을 절벽에 의지해 시멘트로 담 울타리를 만들었고 바닥도 세멘트를 발라 정비했다. 제단 중앙에 돌로 당집을 만들고 그 안에 신상을 깎아 만들어 모셨다. 당집 안에 향로도 있다. 당 한쪽 구석에 소각을 위한 작은 구멍이 있다.

한경 고산리 자구내 갯그리할망당

37. 한경 판포리 본향 널개 오일하르방당

한경 판포리(널개) 본향은 오일하르방과 축일할망당이다. 당신은 오일본향 정씨하르방, 축일본향 김씨할망이라 한다. 당의 신체는 신목(폭낭)이며 당의 형태는 신목형·석원형·제단형·지전물색형·마을길(路邊)형이다. 당에 사용하는 제물은 메 3기와 돼지고기를 올린다. 제일은 매달 오일과 축일이며 당신의 기능은 생산·물고·호적·장적을 관리한다.

신화에 의하면, 여신 김씨 할망은 돼지고기를 먹고 싶어 변소에 가 돼지털을 뽑아 코에 대고 냄새 맡았기 때문에 하르방은 할망에게서 부정한 냄새가 난다하고 하늬바람 쪽에 가 좌정하고 할망은 마파람 부는 쪽에 좌정하였다.

농로변에 큰 폭낭이 있고 그 주위를 자연석으로 쌓아 담장을 둘렀다. 시멘트로 1m 정도 높은 제단을 만들었다. 제단 왼쪽 뒤편 팽나무 가지에 지전,물색, 명주실이 걸려 있다. 제단에 궤가 3개 있고 가운데 궤의 크기가 가장 크다. 제단 왼쪽 뒤와 입구 쪽에 폭낭이 한 그루씩 있고 당 남쪽으로 느티나무도 한 그루 있다.

한경 판포리 본향 널개 오일하르방당

38. 한경 낙천리 본향 소록낭ᄆ들 오일하르방당

한경 낙천리 본향 소록낭ᄆ들 오일하르방당(오일당), 송씨하르방당, 도채비(도깨비)당이다. 도채비당은 낙천리 마을 입구에 있는 오름 동쪽, 큰길 남쪽 300m 지점 속칭 '소록낭ᄆ들' 밭 사이에 있다. 당신 이름은 소록낭ᄆ들 오일한집, 소록낭ᄆ들 송씨하르방이다. 신체는 신목(소록낭), 신혈이며 당의 형태는 신혈형·신목형·제단형·지전물색형·전답형이다. 제물은 돼지고기, 수수밥, 수수떡을 올린다. 제일은 매달 오일날 당에 다니며, 당신의 기능은 생산·물고·호적·장적, 부(富)와 재앙이다.

도채비를 모시는 당이다. 낙천리 아홉굿 테마 공원 바로 북쪽밭, 조수에서 낙원리로 들어올 때 마을 입구에 '아홉굿 마을'이라는 큰돌 표석이 있는데 그 바로 동쪽 밭의 북동쪽 가장자리 큰 폭낭이 있는 곳이다. 밭 한쪽으로 자연선 울타리를 겹담으로 쌓아 당 경계를 짓고 자연석을 대충 모아 쌓아 제단을 만들었다. 돼지 머리뼈도 있고 당 여기저기 술병이 보인다. 당 내부와 제단, 울타리 등 전체적으로 이끼가 끼어 있다. 여기저기 술병, 사발, 초 등이 보이고 제단 아래 돌틈에 궤가 하나 있고 그 외 여기저기 돌담 틈에 술병이 끼워져 있으나 궤로 보아야 할지는 확실치 않다. 당의 유래는 만주 드른들 거리에서 내도한 진씨 아들이라 한다.

ⓒ 문무병

한경 낙천리 본향 소록낭ᄆ들 오일하르방당

39. 한경 저지리 본향 당멀 허릿당

한경 저지리 본향 당멀 허릿당은 저지오름 동북쪽 허리에 있다. 당신의 이름은 허릿당 일뤠중저 호근이ᄆᆞ루 정씨부인의 큰딸이다. 신체는 신목(폭낭)이며 당의 형태는 신목형·동산형·석원형·제단형·지전물색형이다. 당에 쓰이는 제물은 돼지고기를 올리며 메 2기(할망+하르방) 준비한다. 제일은 매 3일과 7일이며 당신의 기능은 생산·물고·호적·장적을 차지한 신이다. 부스럼에 할망당의 물색을 태운 재를 상처에 바르면 낫는다고 한다. "저지리 돼지를 사서는 안 된다."고 할 정도로 할망당의 영기가 세었다 한다.

당은 밭에서 약간 내려가 우묵하게 패인 지형에 위치해 있다. 밭담을 당 경계로 삼고 있다. 마을사람들에게는 허릿당이라면 모르고 '할망당'이라면 이 당을 가르쳐 준다. 자연석을 모아 쌓아 제단을 만들고 제단 뒤편에 지전 물색 명주실이 걸려 있다. 제단 한 쪽으로 차롱에 밥, 떡이 들어 있고, 당 한쪽의 돌담 틈에 소주병, 음료수병, 비닐 등이 가득 끼워져 있다. 당 한쪽으로 나무막대를 세우고 나무판을 얹고 천막을 씌워 공간을 마련했다. 그 안에 소쿠리, 의자, 촛대, 물통 등이 있는 것으로 보아 머물며 기도를 하기 위한 곳으로 보인다. 당의 경계가 되는 밭담의 나무 사이에 이불을 걸어 당 경계를 삼고 그 뒤편으로 소주병, 음료수캔 등이 매우 많이 쌓여 있다. 이 당의 유래는 호근이ᄆᆞ르 정씨 부인의 큰딸이라 한다.

한경 저지리 본향 당멀 허릿당

4장. 조천읍 당올레

조천읍 본향당의 성숲

탐라신화의 수수께끼 4

신흥리 볼레낭할망당은 칭원한 사연과 비사를 품고있는 신당이다. 볼레낭할망당의 외로운 여신 박씨할망은 15세 때 바닷가에 파래를 캐러 나갔다가 물 길러 온 왜구들이 겁탈하려하자 놀래어 이곳 볼래낭 아래까지 도망쳐 와 죽어서 당신이 되었다. 이 당은 억울하게 겁탈 당해 죽은 처녀 원령(怨靈)을 모신 당이기 때문에 독좌형 신당으로 '내외당' '금남의 당'이라 하며, 이 당을 지날 때 남자는 고개를 돌리고 지나가야 한다.

조천읍의 중요한 성숲

조천읍 본향당의 성숲은 많이 훼손됐지만 지금도 제주 본향당의 대표성을 가진 당들이다. 첫째, 와흘리 본향당 한거리 노늘하로산당은 성숲과 당올레를 합하여 300여평이 되며 신당 안에는 2개의 신목, 남녀 두 신위를 두 곳에 따로 모신 제단을 갖춘 제주 제1의 신당이며, 당굿도 마을의 리민 남녀가 공동으로 제를 지내는 고대의 의식이 전승되고 있는 제주를 대표하는 본향당제를 치르는 제주 제1의 성숲이다.

와산리 눈미 웃당은 당오름을 성숲으로 가지고 있으며 본향당에는 하늘에서 내려온 아기를 잉태시켜주는 반석을 모시고 있는 불돗당의 성숲이다. 알당 베락 하르방당은 벼락과 우레를 내리는 무서운 신당이지만 성숲은 훼손이 심하고 거대한 신목인 폭낭과 약간의 당올레만 남아 있다. 남아있는 폭낭 신목만 해도 귀한 성숲으로 볼 수 있다.

와산리 알당 베락 하르방당

와산리 본향 눈미 웃당 당오름 불돗당

조천지역의 신들

제주시 조천읍의 신당들은 주로 송당계 신들의 딸이라 생각되는 '서당국서 일뤠중저' 또는 '일뤠할망'이나 하늘에서 인간 세상에 유배된 '옥황상제 따님아기' 또는 '요왕국 막내딸' 등과 부부관계를 맺고, 같은 당에 합좌하거나, 돼지고기를 먹었다는 이유로 부부가 따로 좌정[別坐] 또는 따로 사는[別居]하는 형태의 신당들이 많다. 조천읍에 있는 본향 당 중에 송당당신의 아들들은 다음과 같다.

교래리 ᄃ리산신또—송당 당신의 9번째 아들(ᄃ릿당 본풀이)
고평동 퀫드르 산신백관—송당 당신의 10번째 아들(퀫드르당 본풀이)
와흘리 노늘당 하로산또—송당 당신의 11번째 아들(노늘당 본풀이)
대흘리 비지남밧 하로산당—송당신의 9번째 아들(비지남밧당 본풀이)
북촌리 가릿당 ᄂᆞᆸ름한집—송당 당신의 9번째 아들(가릿당 본풀이)

〈ᄃ릿당 본풀이〉에 의하면, 송당신의 아들 중 9번째 ᄃ리 산신또까지의 계보가 나타나 있다. 본풀이마다 신의 계보가 각기 다르다.

아버지 : 소로소천국 — 금백주 : 어머니
↓
장남 — 거멀 문곡성(구좌읍 덕천리 당신)
차남 — 대정 광정당(안덕면 덕수리 당신)
삼남 — 웃냇기 본향(성산읍 신풍리 당신)
사남 — 과양당 오오전(제주시 광양당신)
오남 — 시내 내왓당(제주시 용담동 당신)
육남 — 서낭당(표선면 성읍리 당신)
칠남 — 궤로 본산국(구좌읍 한동리 당신)
팔남 — 걸머리 큰도안전(제주시 아라2동 당신)
구남 — ᄃ리 산신또(조천읍 교래리 당신)

성스러운 바다[聖海], 신흥리 방사탑

신흥리 방사탑은 포구의 방파제 부근에 1기, 북서쪽 바닷가에 1기가 세워져 있다. 마을 사람들은 탑을 세운 방향이 허(虛)하고 사(邪)가 비추기 때문에 탑을 세워 살(煞)을 막는다고 한다.

남쪽 포구에 있는 탑은 '큰개탑' 또는 '생이탑'이라고 한다. 탑은 포구 밖 암반 위에 세워졌는데 하단부는 바닷물에 잠길 때가 많다. 탑의 크기는 높이 245cm, 밑지름은 370cm이다. 탑의 상단부 안쪽은 50cm 정도 패여 있어 거기에 새를 앉혔다. 그래서 '생이탑'이라 하며, 상단부가 오목하므로 음탑(陰塔)을 뜻하기도 한다.

북쪽 '새백개' 쪽에 위치한 탑을 '오다리탑' 또는 '생이탑'이라고 한다. 탑은 역시 암반 위에 세워졌는데 크기는 높이 180~250cm, 지름은 410cm이다. 탑 위에 길쭉한 돌을 똑바로 세웠는데, 양탑(陽塔)을 뜻한다.

조천지역의 당굿과 당신

와흘리(臥屹里) 하로산당의 당굿

와흘리는 유교식 마을제가 없다. 지금까지도 남녀 공동의 본향당굿을 정월 신과세제, 칠월 백중제 두 번 치르고 있다. 마을의 이장을 중심으로 한 남성 유지들과 부인회장 등 여성 제관이 모두 당굿의 제주가 된다. 그리고 마을 사람 거의 전부가 당굿에 참여하며, 참가한 사람들은 남녀 모두 이 본향제는 와흘리가 예로부터 전승해 온 것이라 한다. 온평리의 경우처럼 남녀가 분리하여 제를 치르지 않는 것으로 보면, 가장 본래적인 형태로 남아 있는 것이다.

와흘 한거리 하로산당 마을의 수호신을 모시고 와흘리의 본향당이다. 3~400년 된 큰 폭낭 두 그루가 있어 신령한 위엄을 느끼게 하는 제주도의 대표적인 당이다. 이곳의 마을제는 음력 정월 14일 '신과세제', 칠월 14일 '백중마불림제' 두 번 치러진다. 당굿의 끝에는 〈산신놀이〉를 한다. 와흘리의 마을 당굿은 마을 사람 전체, 남녀 공동으로 치러지는 원래적인 마을굿을 그대로 보여주고 있다.

와흘리 당굿

와산리 눈미 불돗당의 당신, 별공주 따님아기

〈와산 당오름 불돗당 본풀이〉에 의하면, 불돗당 한집님(와산 당신)은 옛날 옥황상제 막내딸 아기다. 부모 몸에서 열달 만에 탄생하니, 아버님 눈에 나고, 어머님 눈에 나서 진녹색 저고리에 연반물 치마, 백능(白

綾)버선 나막 창신을 신고, 용얼레기로 긴 비단 머리 빗어 꽃댕기 머리를 하고 인간 땅에 내려 당오름 산상(山頂)에서 할머니가 중허리로 내려와 다시 앉아 천리 서서 만리를 보니 단풍구경도 좋았고 아래쪽 샘물도 맑았다. 할머니는 앉아서 정중하게 인간 자손들을 짚어 보았다. 어느 자손을 상단골로 삼을까 하여 짚어보니 저 '내생이(와산리 지명)' '묵은가름(마을이름)' 김향장 집 따님이 부모 몸에 탄생하여 결혼을 하고 출가를 했는데 사십 마흔이 다 넘어가도 대를 이을 아이가 없었다. 남전북답 넓은 밭도 있었고 유기전답과 마소가축도 많았으나 후세전손 할 아기 없어 탄식하고 있으니 할마님이 이를 상단골로 정하고 밤에 꿈에 현몽하여 말하기를, "야하, 너 김향장집 따님아기야, 너는 부모 몸에 탄생하여 열다섯 십오세 넘어 출가를 했으나 마흔이 넘어가도 전손할 아기가 없어 탄식하고 있구나. 너 내일 아침 밝는대로 저 당오름 중허리엘 올라가 보아라. 거기에 석상(石像) 미륵(彌勒)이 있을 테니 올 때는 산 메를 찌고, 백돌래떡 백시루떡에 계란 안주, 미나리 채소, 청감주를 차려 와서 나에게 수룩(水陸齋, 아이 낳기를 비는 재)을 드리면, 석 달 열흘 백일이 되기 전에 무슨 소식이 있을 것이다."고 꿈에 현몽을 하니, 뒷날 아침 깨어나 꿈에 들은 대로 제물을 차려 저 당오름에 올라가 중허릴 돌다 보니, 거기엔 석상보살 은진미륵이 있었다. 거기서 수룩재를 지내고 돌아오니 석달 열흘이 채 못되어 포태(妊娠)가 되었고 해산 일이 다가오니 고맙다는 수룩재를 올리려고 올라가는데 재물을 지고 당오름 올라서려니 앞동산은 높고, 뒷동산은 얕아서 네발손으로 간신히 기어올라가 수룩을 드리고 내려오며, "아이고 할머님아 이만큼만 내려와서 '고장남밧'으로 가서 좌정하시면, 저도 오고 가기가 편안해서 좋았을 텐데, 할마님아, 올라오려니 앞동산은 높게 보이고 뒷동산은 얕게 보여, 간신히 기어 수룩을 드리고 갑니다."하고 내려왔는데 그날 밤에 벼락천둥이 치며 하늘과 땅이 맞붙게 억수같이 비가 내렸다. 할마님은 당오름서 '대통물(샘물명)' 머리에 와서 마음 돌에 마음 싣고, 시름 돌에 시름 싣고 '고장남밧'으로 와 좌정하여 앉아 있었다. 뒷날 아침에 김향장 집 따님 아기는 지난밤 일을 피라곡절[必有曲折]한 일이로구나 하여 가서 보니 할마님이 지금 당이 있는 자리에 와서 좌정하여 앉아 있었다. 그로부터 김향장 집 따님은 상단골이 되었고 동소문밧(東小門外) 서소문밧(西小門外)으로 할마님 영력이 권위(權威)나고 위품(位品) 나 가난한 자손도 아기 없어 탄식하다 성의성심껏 할마님 전에 와서 수룩을 드리고 가면 포태가 되고 귀한 집안 자손들도 할마님 전에 와서 원수룩을 드리고 가면 포태를 시켜 주었다. 옛날은 웃 한길(=내륙의 큰 길)이 나 있어 말을 탄 양반들도 이리로 해서 정의 쪽으로 지나가려면 말을 하마(下馬)시켜야 여기를 넘어갈 수 있고 말에서 내려 이곳을 넘어가지 않으면 말의 발을 둥둥 절게 하였다. 길가는 보부상들도 여길 넘어가려면, 청매실, 홍매실을 할마님전에 올리고 가지 않으면 장사를 망하게 하는 신이다. 한집님은 청명 꽃 삼월 열 사흘 날, 제일을 받는다. 당굿을 하려면 저 '새통물머리(지명)'로 가서 삼석을 올리고, 동네 안으 동카름 안가름으로 웃동네로 해서 당기를 들고 걸궁을 하며 가름(동네)을 돌고 불돗당 한집님 전에 와 당굿을 하였다. 지금은 한집님전 축원원정 하게되면 전에는 양씨 댁에서 산신놀이 할 말을 맞춰 바쳤는데, 요즘은 제물은 이장 집에서 차린다.

와산리 불돗당굿

40. 신흥리 본향 볼래낭할망당

신흥리 본향 볼래낭할망당은 신흥리 포구에 있다. 당 이름은 볼래낭할망당이다. 내외당, 금남(禁男)의 당으로 불리며, 당신은 웃당은 천년 폭낭 만년 폭낭 아래 동산밧 대방황수 축일 한집, 알당은 볼래낭할망 박씨할망이다.

신체(神體)는 볼래낭(보리수나무)이며, 당에는 지전·물색이 걸려 있다. 당의 형태는 석원·제단·신목·지전물색형이다. 제물은 메 2그릇, 채소 2기, 종이(지전) 대여섯 장 가지고 가며, 돼지고기를 쓴다. 제일은 축일을 택일해서 간다. 본향신이기 때문에 마을의 생산·물고·호적·장적을 차지하고, 어선·해녀 수호해주며, 산육·피부병을 관장한다.

볼래낭할망 박씨할망은 15세 때 바닷가에 파래를 캐러 나갔다가 물길러 온 왜선에서 내려온 왜구들이 겁탈하려하자 놀래어 이곳 볼래낭 아래까지 천길 만길 도망쳐 와 죽어서 당신이 되었다. 이 당은 억울하게 겁탈 당해 죽은 처녀 원령(怨靈)을 모신 당이기 때문에 독좌형 신당으로 '내외당' '금남의 당'이라 하며, 이 당을 지날 때 남자는 고개를 돌리고 지나가야 한다.

신흥리 본향 볼래낭할망당

41. 함덕리 줏나니ᄆ루 일뤠당

줏나니ᄆ루 일뤠당의 당신은 줏나니ᄆ루 고씨할망이다. 살아 계실 때도 수덕이 있었고 죽은 뒤에도 그녀의 묘에 가서 넋을 들이면 잘 낫게 되어 당으로 모시게 되었다. 그래서 그 무덤을 '넋산'이라 부르다가 일뤠당이 되었다. 그러니 아이의 넋을 들이는 당이다. 할망의 묘 뒤에 애기 무덤 둘이 있고 오른편에도 돌무덤으로 된 애기무덤 하나가 있다. '孺人高氏之墓'라고 쓰인 비석이 있다.

당 내부에는 태운 흔적, 소주병, 종이컵, 초 등 최근까지 사람이 이용한 흔적이 있다.

함덕리 좃나니ᄆ루 일뤠당

42. 북촌리 뒷개 본향 가릿당

북촌리(뒷개) 본향 가릿당은 북촌리 포구 북촌 휴게소 왼편으로 기와 집으로 지어진 해녀의 집이 있다. 그 왼쪽으로 보면 계단이 있고 그 위에 나무와 제단이 있다.

당신은 ㅂ름웃도 구지ㅁ를 노ㅂ름한집과 구지ㅁ를 용녀부인이다. 그러니 가릿당은 남녀 두 부부신을 모시고 있는 부부합좌형(夫婦合坐形)의 당이다.

남신 구지ㅁ를 노ㅂ름 한집은 송당 금백주할망의 9째 아들이라 한다. 신체는 신목과 당집이며, 당의 형태는 신목 · 제단 · 석원 · 지전 물색 · 당집형이다. 당에 가지고 가는 제물은 돼지고기를 쓰지 않는다. 제일은 1월 14일, 2월 13일, 7월 14일, 섣달그믐이다. 신의 기능을 보면, 남신은 생산 · 물고 · 호적을 관리하며, 여신은 피부병, 육아, 해녀, 어선을 돌본다.

북촌리 뒷개 본향 가릿당

43. 선흘리 웃선흘 본향 탈남밧일뤠당

선흘리(웃선흘) 본향 탈남밧일뤠당은 웃선흘 '탈남밧' 지경에 있다. 당신은 탈남밧일뤠한집, 정중아미 정중부인이다. 탈남밧할망당 한집님은 아기를 못 낳는 사람이 수룩재를 올리면 효험이 있다. 당에 가서 할마님에게 자손을 얻도록 생불 환생시켜 달라고 하면 효험이 있다고한다. 또 탈남밧 할망당에는 웃선흘 김선달을 따라온 한양애기씨가 정중부인으로 좌정하고 있다.

알선흘 산신당에서 당굿을 할 때 웃당 할마님의 본을 같이 풀어드리기는 하지만, 당제를 할 때 알선흘로 모셔 들이지는 않는다. 그리고 웃선흘 당제에도 알선흘 산신또를 모시지 않는다. 대나무 사이로 들어오는 작은 입구가 보이고 그 안으로 들어오면 동백나무 숲 안에 당이 있다. 원형으로 담이 쌓아져 있고 시멘트로 제단을 만들었다. 제단에는 궤 4개가 있다.

당은 신목형이며, 당의 형태는 신목·지전물색·석원·수림·동산형, 제물로 돼지고기를 쓰지 않는다. 제일은 1월 3일, 1월 7일이며, 아이의 피부병을 고쳐주고 육아를 돌본다.

선흘리 웃선흘 본향 탈남밧일뤠당

44. 와산리 본향 알당 베락하르방당

와산리(눈미) 본향 알당 베락하르방당의 당신은 눈미 알당 베락장
군 베락ㅅ제라 한다. 당의 신체는 폭낭(신목형)이며, 당신의 좌정형태
는 남신 1위를 모신 독좌영 신당이다. 제물로 돼지고기를 사용하며, 제
일은 3월 13일, 당신의 기능은 본향신이므로 생산, 물고, 호적, 장적을
관리한다. 큰 폭낭 한 그루를 신목으로 삼고 있고 녹나무 두 그루와 대
나무가 우거져 있다. 와산리에서 마을 탐방코스로 정비하고 하르방 베
락당이라는 안내판이 세워져 있다. 지전 물색은 걸려있지 않다.

와산리 본향 알당 베락하르방당

45. 와산리 본향 눈미 웃당 당오름 불돗당

와산리(눈미) 본향 당오름 불돗당(웃당)은 와산리 당오름 기슭에 있다. 당신은 불도삼승또이며, 신체는 미륵형 신석을 제단 앞에 모시고 있다. 당의 형태는 신석형, 당집형, 신목형, 석원형이며, 제물로 돼지고기를 전혀 쓰지 않는다. 제일은 1월 3, 13, 23일, 3월 13일이다. 본풀이에 의하면, 하늘에서 내려온 별공주 따님 애기가 눈미 와산 불도삼승또가 되어서 포태와 양육을 관장하게 되었다고 한다. 오름 위에 있던 돌이 저절로 굴러 내려와 이곳에 자리 잡음으로써 기자석(신석)으로 모시게 되었다고 한다. 이곳에서 굿할 때 베락당의 신도 여기 모셔 같이 굿을 한다. 안에 들어오면 벽돌로 쌓은 담 안에 비석 두 개와 폭낭이 있다(보호수 지정 13-3-13). 담에는 '一九九三年'이라 새겨져 있다. 당집으로 들어가면 안에 큰 신석이 있고 그 앞에 제단이 마련되어 있다. 벽에 지전 물색이 좌, 우, 중간 세 군데로 걸려있다.

와산리 본향 눈미 웃당 당오름 불돗당

46. 와산리 당새미 토광물 산신당

와산리 당새미 토광물 산신당은 와산 불돗당 동쪽 밭에 있다. 이당은 교래 ᄃ릿당에서 가지갈라온 당이며 당신은 ᄃ리산신또이다. 당오름 아래 불돗당이 있고 불돗당의 동남쪽에 당샘이 있으며, 당샘 동쪽 밭에 당이 있다. 두릅나무가 식재된 밭 중간 자왈 속에 있다. 당신은 산신또이며 신체는 신목형의 당이다. 당의 형태는 석원·신목·제단·지전물색형이며, 당에 올리는 제물은 돼지고기를 올린다. 당에 가는 날은 택일한다. 기능은 수렵, 목축, 조상수호신이다.

와산리 당새미 토광물 산신당

47. 와산리 엄낭굴왓 철산이도 산신당

와산리 엄낭굴왓 철산이도 산신당의 당신은 눈미 철산이도 산신또라 한다. 당은 상수리나무 숲에 있다. 돌담으로 제단이 둘러져 있다. 지전물색은 두 군데 나뉘어 걸려 있다. 불돗당과 함께 다닌다. 신체는 쥐똥나무를 신목형으로 삼는다. 당의 형태는 남녀이좌형, 제물은 메 2기 올리며, 제일은 1월 매3일, 3월 13일이며, 당신의 기능은 사냥, 목축, 산육을 돌봐주는 신이다.

옛날 알당 베락당에 다녔던 사람들이 베락당을 대신하여 다니게 된 당이 엄낭굴왓 철산이도 산신당이다.

와산리 엄낭굴왓 철산이도 산신당

48. 와산리 웃질왓 감낭밧 한씨조상당

 와산리(눈미) 웃질왓 감낭밧 한씨조상당의 당신은 눈미 감낭밧 한 씨 집안의 산신조상이다. 신체는 상수리나무를 신목형으로 삼고 있다. 여기는 눈미 와산 한씨 집안에서 다닌다. 건강과 자식의 안녕을 기원 한다. 당의 형태는 독좌형, 제물은 메 2기 올리며, 제일은 3월 14일이 며, 신의 기능은 사냥, 목축, 산육을 돌본다.

와산리 웃질왓 감낭밧 한씨조상당

49. 교래리 본향 드리산신당

교래리 본향 드리하로산당은 교래리 입구 남조로 변 복지회관 서쪽 밭에 있는 당집형 신당이다. 당신은 웃당 브름웃도 드리 큰당 산신또로 송당신의 아홉째 아들이며 알당은 굴묵낭목(누룩남도) 서당국서 큰부인 고씨할망이다.

교래 본향당은 말타는 사람도 내려서 지나가야 할 정도로 영험한 당이라 한다. 당집 중앙으로 출입문이 있고, 그 정면에 제단이 있다. 제단 왼쪽에 지전물색이 걸려있고, 오른쪽에 수건이 걸려 있다. 좌우에 대리석으로 꾸민 궤 2기가 있다. 바닥에는 장판지를 깔았다.

신체는 당집형, 위패형이며 당의 형태는 석원·당집·지전물색형이다. 제물은 돼지고기를 쓰지 않는다. 제일은 섣달 그믐 개탁제, 1월 14일, 7월 14일이다. 본향신이므로 마을의 생산·물고·호적·수렵을 돌본다.

교래리 본향 ᄃ리산신당

50. 교래리 도리 누룩남도 일뤠당

　교래리(도리) 누룩남도(굴묵남목) 일뤠당(알당)의 당신은 굴묵낭목(누룩남도) 옥당부인 서당국서 큰 부인 고씨할망이다(알당). 교래리 미니랜드 안 나이아가라 폭포 오른쪽의 금문교(빨간 다리) 앞에 있다. 큰 폭낭이 있고 계단이 있어 아래로 내려갈 수 있게 되어있다. 둥글게 돌담이 쌓아져 있고 그 안에 폭낭 한 그루, 동백나무 한 그루가 심어져 있다. 계단을 내려가면 오른쪽, 왼쪽으로 각각 돌무더기가 1m정도의 높이로 쌓여 있다.

　신체는 신목형 당의 형태는 석원·제단·지전물색형이다. 제물로 돼지고기를 사용하고, 제일은 정월 택일, 7월 14일이다. 당신의 기능은 아이의 피부병을 고쳐주며 육아를 돌본다.

교래리 드리 누룩남도 일뤠당

51. 대흘리 본향 비지남밧 하늘산신당

대흘리(하늘) 본향 비지남밧 하로산당은 대흘리 보건소에서 초등학교 방향으로 커브를 꺾으면 바로 왼편에 비포장길이 있다.(농협창고 가기 30m 전). 비포장도로를 따라 300m 가량 들어오다 보면 왼편에 과수원 입구가 있고 (오른쪽은 제주 프랑스마을)과수원 안으로 100m 정도 들어오면 폭낭과 돌무더기가 보인다. 둥글게 담이 쌓아져 있고 그 안에 지전 물색이 걸려 있으며 잘 다듬어진 현무암으로 제단도 마련되어 있다. 돌무더기 위로 사철나무, 송악, 녹나무 등이 우거져 있고 폭낭 가지 반경은 돌무더기 밖으로 760cm에 달한다. 폭낭 가지 끝부분은 감귤 밭에 그늘이 진다고 잘라버렸고 폭낭 전체를 송악 가지가 감싸고 있다.

당신은 소로소천국(송당신) 아홉째 아들, 거무영청 산신도와 광주부인 정중아미 일뤠한집이다. 신목형(폭낭) 당이며, 당의 형태는 전답형·석원·지전물색·제단형이다. 제물은 돼지고기를 사용하며, 제일은 7월 14일이 대제일이다.

신의 기능은 남신은 생산·물고·호적·수렵를 관리하고 여신은 아이의 육아, 피부병을 고쳐주는 신이다.

대흘리 본향 비지남밧 하늘산신당

52. 와흘리 본향 한거리 노늘하로산당

와흘리 본향 한거리 노늘하로산당은 와흘리 동쪽 한길 가에 있다. 당신 이름은 백주 도령 산신또로 송당 당신의 열한 번째 아들이라 한다. 그리고 백주도령의 처신은 서정승 따님아기이다. 신체는 폭낭이며 당의 형태는 전답형·신목형·제단형·석원형·지전물색형·동당이좌형 이다. 제물은 메 2그릇 올리며, 굿의 마지막에 사냥놀이를 한다. 제일은 정월 14일, 7월 14일이며 당신의 기능은 마을의 생산· 물고·호적·장적을 관리한다.

육지에서도 찾아와 빌고 갈 만큼 효험이 센 당이다. 서정승 따님의 신목인 폭낭에 종이가 아닌 천(명주. 색동)으로 지전 물색을 걸어 두었으며 그 외에도 색동치마, 저고리, 북어 등도 걸려 있다. 백조도령의 제단 뒤편 동백나무에도 지전과 물색이 걸려 있다. 당의 입구 오른편으로 비석이 둘 있는데 하나는 '1990년 9월 본향당 확장사업 기념비'이고, 다른 하나는 본향당 본풀이 비석이다. 2018년 10월 태풍으로 수령 4~500년 추정의 보호수로 지정되었던 폭낭이 쓰러져 현재 새로운 나무를 심어 대신하고 있다.

와흘리 본향 한거리 노늘하로산당

5장. 구좌읍 당올레

구좌읍 본향당의 성숲

탐라신화의 수수께끼 5

제주시 구좌읍 송당리는 당신앙의 메카[聖地]이다. 예로부터 심방이나 마을 사람들은 송당리의 본향당신인 남편 신 '소로소천국'과 처신 '금백주'를 당신의 원조이며 당신앙의 뿌리라는 의미에서 "손당[松堂里]은 제주도 본향당의 불휘공[뿌리]이주"하며 설명을 시작한다. 이 '손당'이 구좌읍 송당리이며, 송당리 당오름에는 '금백주할망' 또는 '백주또'라고 부르는 여신이 마을 본향당신으로 좌정하고 있다. 신화를 보면 알 수 있겠지만, 이 여신은 오곡의 종자와 송아지 망아지를 가지고 서울에서 제주에 내려온 '농경신'이다. 이 여신이 한라산에서 사냥을 하며 떠돌아다니던 사냥꾼 소로소천국과 부부 인연을 맺고 살림을 시작하면서부터 송당리는 마을이 설촌되었다.

송당리 당오름 백주할망당의 성숲

송당리 당오름은 제주 제1의 성숲이다. 그리고 송당리 웃손당 금벡주할망당의 당굿운 제주 당굿의 시작이며 표본이다. 신당의 구조, 당올레, 신당의 석원, 상중하단으로 된 제단, 상중하궤 등은 모든 신당의 표본이 된다. 그리하여 당오름과 당올레, 신당을 다 갖춘 본향당을 싸고 있는 완성된 성숲이다.

송당리 당오름 입구

송당리 백주할망당으로 들어가는 길

송당리 금백주당 당본풀이

〈송당리 당본풀이〉에는 자식들의 계보가 나타나는데 신화를 구송하는 심방마다 계보를 다 설명하지 못한다. 그 중 아들 열여덟이 좌정한 마을을 다 열거한 경우가 김오생 본으로 이 본풀에 의하며 송당계 신들의 계보는 다음과 같다.

부신(父神) 소로소천국 〈알송당 당신〉
모신(母神) 금백주할망 〈웃송당 당신〉
1남 하덕천리 거멀 문국성
2남 대정읍 안덕면 사계리 광정당
3남 성산읍 신풍리 웃내끼 본향당
4남 제주시 광양당 당신
5남 제주시 내왓당 당신
6남 제주시 서낭당 당신
7남 구좌읍 한동리 궤본산국
8남 제주시 거로 당신
9남 조천읍 교래리 ᄃ리산신또
10남 조천읍 와흘리 고평동 퀫드르 산신또
11남 조천읍 와흘리 한거리 하로산또
12남 제주시 동회천동 세미 하로산또
13남 제주시 도련동 산신또
14남 제주시 삼양동 가물개 시월도병서
15남 조천읍 선흘리 알선흘 산신또
16남 구좌읍 김녕리 궤노기한집

17남 표선읍 토산리 서편한집
18남 제주시 도두동 오름허릿당

〈송당리 당본풀이〉는, 사냥하며 떠돌아다니던 조상들이 농경생활을 하며 결혼하여 정착하게 되는 과정과 마을의 설촌과 발전 경위를 설명한다. 그러므로 〈송당리 당본풀이〉는 두 신이 결혼하여 자손이 번성하는 마을 형성의 신화다. 즉 땅에서 솟아난 소로소천국(=男神)과 외지에서 들어온 금백주(=女神)가 결혼한다. 두 신의 결혼은 농경사회의 토대가 형성되는 과정을 나타낸다. 개인과 개인의 만남이 아니라, 마을형성기 여러 혈연 집단들의 정주하는 과정이다. 이 신들의 결혼은 혼인제도의 한 형태로 본다면, 외혼제·부방거주제로 볼 수 있으며, 그러한 시대상을 신화 속에 반영하고 있다. 신화에서 결혼은 가정의 성립을, 가정의 성립은 정착생활의 시작을, 정착생활의 시작은 마을의 형성을 나타낸다. "아들 열여덟, 딸 스물여덟 낳았다"는 것은 마을의 번성, 인구의 증가 등 공동체 사회의 형성 과정에서 토착세력과 외래세력 간의 세력의 불균형이 심화되고 있음을 의미하기도 한다. 이와 같이 마을의 세력이 토착민보다 나중에 들어온 외래 이주민들이 커지고, 이러한 세력의 불균형은 마을 세력간의 갈등을 초래한다. 여성이 우위에 있다는 것은 농경 정착 사회로 마을의 형태가 갖추어져 가는 과정을 나타낸 것이라 생각한다. 그리고 신들의 이혼은 마을의 분리를 뜻한다. "땅 가르고 물 갈라 살림 분산"하는 이혼의 모티브는 땅·물·경제권 등 모든 분야에서의 분리, 즉 마을의 분리이며, 나아가 생활권·신앙권·통혼권의 분리인 것이다.

"용궁의 공주와 결혼"하는 화소는 해변마을에 내려가 반농·반어업의 생활을 하였다는 어촌마을 형성 신화라 할 수 있다. 이와 같이 '하로산'이란 사냥의 신들은 산간 → 중산간 → 해변으로 내려오면서, 사냥의 신 → 목축·농경의 신 → 목축·어업의 신으로 변하고 있다. 그리고 '요왕국 말젯똘'이란 여신은 결혼하여 뭍으로 올라오면서 '일뤠할망[七日神]'으로 되고, 이 여신의 직능도 해안 마을에서는 해전수호신(海田守護神)·피부병신(皮膚病神), 산간·중산간 마을에서는 농경·산육·치병신으로 변하고 있다. 이와 같이 신들의 직능의 변화는 육식 식성을 가진 사냥의 신이며 '떡도 장군, 밥도 장군, 힘도 장군'인 대식가가 미식 농경·목축의 신으로 변모되어 가는 과정을 나타내고 있다.

세화리 당의 맑은 신과 부정한 신

산신당 본풀이 가운데는 한라산의 사냥터와 오름의 지명 등을 그리고 있으며, 당신들은 하늘의 천기를 짚어 보거나 나침판을 보며(羅針板) 이동경로를 따라 '산혈(山穴)' '물혈(水穴)'을 더듬어 간다. 그러다가 마을에 당도하면, 마을 형성의 풍수적 입지 조건을 살펴보고 당신으로 좌정한다. 여신인 경우 배필감을 찾아 해변에서 한라산으로 또 촌락으로 헤매다가 신으로 좌정한다. 이러한 본풀이 가운데 〈세화리 당본풀이〉는 신들의 계보와 함께 신들의 기능의 분화, 그리고 신들의 식성(食性)에 의한 갈등을 통하여 '기능의 분화' 과정을 상세하게 설명하고 있다.

천자또

'천자또'는 한라산 백록담에서 솟아났다. 일곱 살에 학문에 달통하였다. 15세에 천신(天神)·지신(地神)의 명을 받아 굿소무(小巫)·당소무를 거느린 본향당신으로 좌정하였다. 이 신은 "나는 날 생산을 차지하고 죽는 날 물고(物故)·호적(戶籍)·장적(帳籍)을 차지한" 미식(米食)·채식(菜食=農耕神)의 신이다. 2월 12일, 7월 12일, 10월 12일 3대 제일에 당굿을 한다.

백주또

서울 남산 양반 집에서 태어났다. 부모에게서 쫓겨나 외삼촌이 사는 용왕국 수청부인으로 들어간다. 靑·白·赤·黑·黃·綠·朱 일곱 개의 주술 주머니를 얻고 요왕국(龍王國)나와 부모 상봉하여 사죄한 후, 하직한다. 하녀를 데리고 천기를 짚어 한라산에 산다는 외조부를 찾아 제주도에 들어온다. 도중에 재인광대와 선비들에게 주술로 신병을 주어 영험을 보이고, 장고·해금·퉁수를 빌려 이별의 정한을 노래하고 선비들과 작별한다. 조천포에 당도하여 조천리의 당신 '정중부인'에게 인사를 드리고 외조부가 계신 한라산 길 안내를 부탁한다. 도중에 허씨 따님의 집에서 하룻밤 유숙하고, 맑은 음식(米·菜·鷄卵 등=農耕神)의 제물을 대접받고, 상단골을 맺고 병을 고치는 주술 주머니를 내어준다. 백록담에 올라 오행팔괘를 짚어 외조부의 행방을 찾는다. 한라산 사냥터에서 포수 '멍동소천국'의 인도를 받았으나, 육식의 비린내가 더러워 잡혔던 손목을 칼로 깎아 명주 천으로 감은 채 상세화리 외조부를 찾아가 인사를 드린다. 외조부의 시험에서 식성이 미식(米食)·채식(茶食=農耕神)이란 점을 인정받고, 같이 좌정하는 것을 허락 받는다. 외손녀의 피냄새(=不淨)가 하세화리 '멍동소천국'의 비행임을 알고 대노하여 단골을 모아 상·하세화리 마을의 경계를 가를 것을 명한다. 외조부와 함께 좌정하여 3제일에 상·중·하단골의 치제(致祭)를 받고, 일곱 주술주머니로 풍운조화(風雲造化) 불러주는 치병신(治病神)이 되었다.

금상님

금상님은 서울아양동서 천부지모(天父地母)에게서 무위이화(無爲而化)한 천하명장이다. 낮과 밤 연화로 흉험을 주니, 조정에서는 역적이 났다하여 무쇠철망으로 묶고 잡아 가두고 죽이려 한다. 무쇠로 집을 짓고 숯 천석을 놓아 태워 죽이려하니, 금상님은 '氷'자와 '雪'를 써서 깔고 앉아 위기를 면한다. 금상은 달아나 전선을 구해 타고 백만 군사를 거느려 제주 한라산을 피난처로 정하여 들어온다. 천자님은 외국 장수가 오는 듯하여 바람을 일으켜 배를 불려버린다. 금상은 돛을 지우고, 배를 갈아 타 겨우 천자님 앞에 명함을 드린다. 입도 이유를 묻자, 금상은 백주또와 천상배필이 되기에 찾아왔다 한다. 식성을 묻자, 술도 장군, 떡도 장군, 밥도 장군, 돼지도 전 마리(통째) 먹는다고 대답한다. 함께 좌정하는 것을 허락받지 못하자, 먹던 음식을 포기하기로 백주또와 약속한다. 천자님은 팥죽과 청감주로 목을 씻게하고 백주또와 혼인을 허락한다. 먹던 고기를 먹지 않고 백일을 굶어가니 금상님은 피골이 상접하여 아사 직전에 이른다. 백주또가 금상님을 살려줄 것을 애걸하니, 천자님은 백주또는 한 상에서 밥을 먹되, 금상님은 따로 '돈육(豚肉) 올린 상'을 받는 돗제법(豚祭法=肉食神)을 마련하게 되었다.

천자또는 한라산 백록담에서 출생한 지신적 산신(地神的山神)이며, 글에 달통한 본향당신이다. 그리고 미식(米食)의 농경신으로 육식(肉食)의 신들과 대립한다. 백주또는 외래신이며, 7개의 주술주머니의 주술로 한(恨)과 병을 다스리는 치병신(治病神)이다. 식성이 육식을 싫어하는 미식(米食)의 농경신이기 때문에 천자또와 함께 좌정한다. 때문에 육식의 한라산계 토착·수렵신 멩동소천국과는 대립하며, 외래의 장수신과는 부부인연을 맺는다. 금상님은 천부지모(天父地母)에게서 출생한 장수신이며, 역적으로 유배당해 온 신이다. 육식식성(豚肉食性)의 신이지만, 당신으로 대접받고 백주또와 혼인하기 위하여 고기를 좋아하는 식성까지 포기한다. 그러나 식성을 버릴 수 없어 고기를 먹은 뒤에는 청감주로 목을 씻는 정화의례(淨化儀禮)를 행한다. 여기에 허씨녀는 신에게 미곡으로 만든 제물을 대접하여 상단골이 된다.

천자또는 한라산 출생의 산신이지만, 송당계 수렵신의 기능은 없다. 도교적 신선 풍의 산신이며 농경신의 기능을 가지고 있어 송당계 산신인 하세화리의 당신 멩동소천국과 대립한다. 미식 식성의 신이어서 외래의 장수신이며 돈육(豚肉) 식성의 금상님과 대립한다. 그러나 한라산 신계 신들이 지니고 있는 '바람의 신'이며, 천문지리나 풍수 등, 학문에 달통한 문신(文神)이다. 이러한 계통은 한라산 남쪽 서홍·서귀계, 중문·색달계 산신과 통한다. 그러나 농경신 외손녀 백주또를 하위신으로 거느린 농경신으로 나타나고 있다. 이러한 점에서 볼 때, 〈세화리 당본풀이〉는 초기 농경사회의 신앙체계를 보여주는 〈송당리 당본풀이〉와는 다른 면을 보여준다. 이는 문을 숭상하는 지식층이 마을 제일의 세력집단을 형성하고, 상단골이 되어 주권과 제사를 담당하면서, 그들의 조상신을 제2기능신인 수렵신적 산신에서 농경신적 문신적 산신으로 변형시켜, 제 1기능신인 본향당신으로 받들게 되었다고 할 수 있다. 그 대신 외지에서 들어 온 제 2기능신인 돈육식성의 장수신을 식성 포기를 조건으로 하여 제 2기능신으로 삼는다. 식성의 포기는 기능의 상실 내지 약화다. 돈육식성은 육지의 산신의 특성을 반영한 것이며, 힘과 생식력의 상징이다. 그리고 세화리당의 백주또는 그 성격이나 기능이 〈송당리 당본풀이〉의 백주또와 유사하다. 다른 점은 토착산신인 소로소천국과의 결혼이 아니라, 외래의 장수신인 금상님과의 결혼이다. 이는 유배지의 특성이 반영된 후대의 신화소가 삽입된 것이다. 따라서 〈세화리 당본풀이〉는 초기 농경사회가 발전해 가는 과정의 여러 복합 문화요소가 삽입 정서화된 신화로서 「삼성신화」와도 다른 신화를 이루고 있다.

〈세화리 산신당본풀이〉는 아직 국가 형태를 이루지 못한 씨족 연합의 자연 촌락 형성기, 수렵사회에서 농경사회로의 이행기를 반영한 신화다. 이 신화는 반농·반수렵 사회(=上細花里)와 반농·반어업 사회(=下細花里)가 통합되는 과정의 갈등을 표현하고 있다. 결국 신들의 갈등이 해결되면서, 마을의 생산 경제 형태의 분화에 따른 사회 조직의 재편이 이루어진다. 그리고 신들의 직능과 역할은 다시 쌍분체계(雙分體系)로 다시 나눠지고 있다.

육식식성(肉食食性)의 신을 위한 돗제[豚肉祭]

〈세화리 당본풀이〉에 의하면, '금상님'은 잔치 이바지 제물을 받는 돈육식성의 신이다. 마을에서 잔치를 하게 되면, 잔치 전날 한편으론 신부집에 이바지 제물을 보내며, 또 다른 한편으론 당신 금상님에게 제물을 차리고 가 빌지 않으면, 잔치 날 하객들에게 설사나 복통을 일으킨다. 그러므로 세화리당을 모시는 구좌읍과 성산읍 지역에서는 돗제를 한다. 세화리 당 이외에도 월정 서당, 김녕리 궤네깃당, 그리고 각 해변에 모시고 있는 해신당의 의례는 돼지고기를 올리는 '돗제[豚肉祭]'를 한다.

인간이 신에게 바치는 제물은 그들의 식성에 따라 달라지는데, 제물은 대부분 대동소이하지만, 신의 식성이 돼지고기를 좋아하느냐 싫어하느냐에 따라 '맑은 신'과 '부정한 신'으로 구분되고, 신의 우열이 결정된다. 본풀이에서 보면 돼지고기를 먹는 신은 부정하다고 쫓겨나 이좌(異坐)하거나 별거(別居)하는 형태로 좌정처가 정해진다. 돼지고기를 먹는 신이 머무는 곳은 한라산 아래쪽 해변 마을이거나 '마바람[南風]'이 부는 산 아래쪽이다. 돼지고기를 먹게 된 이유는 당신이 돼지 한 마리를 통째로 먹어야 양이 차는 배고픈 장수이거나 어떤 남편신의 처신 또는 자부신(子婦神)이 임신 중 목이 말라서 돼지털을 태워 코에 찔러 냄새를 맡거나, 돼지 발자국에 고인 물을 빨아먹거나, 돼지 국물을 마시고 요기하는 것으로 나타난다. 그리하여 미식식성[米食食性]의 맑은 신으로부터 '칼토시 존경내'가 난다고 쫓겨나 크게는 한라산 아래쪽 해변 마을로 작게는 마파람 부는 산 아래쪽에 좌정하게 되는 것이다. 돼지고기를 먹는다는 것은 신의 '정 ↔ 부정', 신의 서열의 '우 ↔ 열' 상 ↔ 하'를 구별하는 단서다. 돼지고기를 먹는 신은 부정한 신이며, 지위나 서열이 낮은 신이다. 그런데 돼지고기를 먹는 식성은 인간의 식성과 유사하므로 돼지고기를 먹는 신은 속화된 신, 다시 말하면 인간에 가까운 신이다. 돼지고기를 좋아하는 신들이 대부분 어업 수호신이거나 사냥의 신인 것을 보면, 생업수호신으로 좌정한 당신의 식성은 신들에게 돗제를 차려 대접하고, 나중에는 돼지고기를 나누어 먹는 인간들의 식성과 같다.

어부·잠수들을 관장·수호하는 해신당의 당제에서는 돼지고기나 돼지 턱뼈를 올리며, 풍어제나 영등굿에서 영감신을 위한 젯상을 차릴 때도 돼지 머리를 올린다. 요왕신 선왕신 모두 돈육식성의 신이기 때문이다. 따라서 해신당의 신들은 돗제를 받는 신이기 때문에 농경신격을 상실한 신이며, 서열이 낮고 속화된 신, 다시 말하면 인간에 가까운 신이기 때문에 생활 현장에 밀착되어 '일만 잠수 일만 어부'를 보살펴주는 생업수호신의 직능을 수행하고 있는 것이다.

무의(巫醫) 서당국서와 백주할망의 딸들

백주또

송당 당신 '백주또'는 한라산에서 솟아나 사냥을 하며 사는 소천국과 결혼한 농경신이다. 이 여신은 육지에서 오곡의 종자와 송아지 망아지를 가지고 왔으며, 아이들을 키우기 위해 '농사를 짓자'고 남편신에게

제의한다. 농사는 농경문화의 시작이다. 수렵신인 남편 소천국이 밭을 가는 데 써야할 소 아홉 마리, 말 아홉 마리를 다 잡아먹어 버렸기 때문에 화가 나서 남편과 살림분산[離婚]을 한 여신이다. 마을 사람들은 이 여신을 '맑고 맑은 조상', 육식을 하지 않고 '미식(米食)'을 하는 깨끗한 여인, 부정하지 않은 여인으로 관념화하고 있다. 따라서 제주인들은 미의식 속에서 백주또 여신은 육식을 부정한다고 하는 미식(米食)의 농경신, 부정하지 않은 '맑은 조상'이라는 상징성을 통하여 '육식 금기(肉食禁忌)'라는 농경사회의 규범을 만들어내고 있다.

일뤠또(서당국서 일뤠중저)

서당국서 일뤠중저 또는 간단히 일뤠또라는 여신은 아이를 낳고 길러주며, 아이의 피부병을 고쳐주는 요왕국 셋째 딸이다. 이 여신이 좋아하는 음식은 생선, 계란, 돌래떡, 미나리 청근채 등 미식, 채식의 여신이다. '삼싱할망'과 같이 생각하는 산육·치병신이기 때문에 '깨끗한 여신'으로 마을 사람들은 생각한다. 특히 이 여신이 좋아하는 삶은 계란을 신에게 바침으로써, 허물이나 옴이 붙은 아이의 병든 피부가 계란 껍질 속과 같이 미끈한 피부를 재생시켜 준다는 주술적 의미를 지닌다.

53. 동복리 본향 굴묵밧 할망당

동복리 글막 본향 굴묵밧 할망당의 당신은 굴묵밧 할망과 송씨 하르방이다. 동복리 해녀의 집 맞은편 시멘트 길 약 150m가량 들어간 곳에 있다. 울타리는 모두 자연석을 한줄로 쌓아 올렸으며, 입구 맞은편의 좌우에 삼단으로 된 제단이 둘 있다. 제단 아랫단 가운데에 궤가 있다. 입구 왼편에 잘 다듬어진현무암 돌판으로 재단을 새롭게 잘 만들었다. 소주병이 한 쪽에 많이 쌓여 있다. 왼쪽 제단에는 동백나무, 오른쪽 제단에는 사철나무에 지전이 걸려 있다. 당은 신목형의 당으로 신들의 좌정형태는 동당이좌형, 부부별좌형이다. 본향당으로 생산 · 물고 · 호적 · 장적을 관장하는 기능을 갖는다. 제물로는 메 2기, 삶은 계란, 3과, 돌레떡 등을 올린다.

동복리 본향 굴묵밧 할망당

54. 서김녕리 남당 서문하르방당

서김녕리 남당 서문하르방당은 서김녕리 신호등 삼거리 '영등물고개' 바닷가에 있다. 당신은 남당하르방, 서문하르방, 은진미륵 등으로 불린다. 당의 특징은 바다에서 건져 올린 '은진미륵'이라는 괴이한 미륵돌을 신체로 모시고 있다.

한 어부가 백발의 낚시줄을 던져, 건져 올린 괴이한 미륵돌을 모신 당이다. 제일은 따로 없고 택일하여 당에 찾아간다. 이 당은 득남(得男)의 효험이 있는 당이다. 이 당의 신체가 되는 미륵 돌은 기자석, 즉 아이 낳기를 비는 신석(神石)으로서 '원초적인 미륵신앙'의 일면을 보여준다. 날짜를 택일하여 심방을 데리고 당에 가면, 심방은 수룩을 치면서(아기 낳기를 기원하면서) 바랑(바라)으로 점을 친다. 바랑이 두 개 모두 자빠지면 딸이고, 두 개 모두 엎어지면 아들이고, 하나는 자빠지고 하나는 엎어지면 더 공들여야 한다고 한다. 제물은 시루떡, 메, 과일, 일곱자 걸렛베, 바랑끈(바라 천), 지전, 실 두 가름, 채소, 해어 등인데 이렇게 한 번 차리고 갔다오면, 그 다음 번에 갈 때도 같은 양, 같은 제물을 가지고 가야 한다.

서김녕리 남당 서문하르방당

55. 서김녕리 ᄂᄆ리동산 일뤠당(ᄂᄆ릿당)

서김녕리 ᄂᄆ리동산 일뤠당은 서김녕리 남흘동(ᄂᄆ리) 서쪽 주택
가에 있다. 큰 폭낭이 세 그루 있는데, 두 그루는 가까이 있고 한 그루
는 따로 떨어져 있다. 동쪽의 폭낭은 밑동 부분과 가지 끝부분이 이미
고사한 상태라 받침대와 치료가 필요한 상태이다. 울타리는 돌담을 쌓
고 시멘트로 마무리 하였으며 돌담에는 송악 줄기가 뻗어 있다. 예전
의 기록에는 비념을 한 뒤 사기그릇을 깨고 아기구덕을 버리기도 했다
고 하나 , 그런 흔적은 찾아볼 수 없다. 당신은 강남천자국 용녀부인이
라 하며, 당신의 계보는 토산 일뤠할망의 일곱째 딸로 "물비리, 당비
리, 너벅지시, 홍허물, 등에 등창, 배에 배창 나게 맙서"하고 빈다. 제
물은 메 1, 양푼에 제숙(사과, 계란, 술, 숟가락 등), 전복, 소라, 보말 등을
올린다.

서김녕리 ᄂᄆ리동산 일뤠당(ᄂᄆ릿당)

56. 동김녕리 성세깃당

동김녕리 성세깃당은 김녕해수욕장 입구에서 남서쪽으로 300여 미터 떨어진 지점에 위치해 있다. 당 입구에는 시멘트로 '1979 시사금 5000'이라고 새겨져 있다. 자연석을 한 줄로 높이 쌓아 제장을 장방형으로 에워 둘렀다. 제단 앞 좌우에 궤가 하나씩 있으며, 제단 뒤의 동백나무 두 그루를 신목으로 심고 있다. 당 밖에 있는 폭낭 가지가 당 안쪽까지 뻗어 들어온 상태이다. 당신은 유왕황제국 일곱째 아들로 외래신계 해신이 독좌한 당이다. 이 당의 제일은 3월 8일(생신일), 매 1일, 8일, 18일. 제물로 돼지고기를 사용한다. 만민 해녀 상선 중선 하선 차지한 동김녕 어부 해녀의 당이다.

동김녕리 성세깃당

57. 동김녕리 궤네깃당

동김녕리 궤네깃당은 입산봉 마을 공동묘지 서쪽 300m 지점, 농산물창고 동쪽 밭에 있다. 자연적으로 형성된 굴 안에 있으며, 잡석을 쌓아 제단을 만들었다. 조선시대에 이곳에서 돗제를 지냈다고 한다. 굴 밖에 커다란 폭낭이 두어 그루 있으며, 그 중 한 그루는 보호수로 지정되어 있다.(13-3-5). 현재는 궤네기동굴 유적지로 지정되어 내부에는 들어갈 수 없다.

당신은 송당 백주할망의 아들로 궤네기한집, 돗제하르방이라 하며, 신의 기능은 치병, 입시에 효과가 있다. 김녕출신 교포들도 제를 지낸다. 제일은 돗제 지내는 날이다.

동김녕리 궤네깃당

58. 동김녕리 본향 사장빌레 큰당

동김녕리 본향 사장빌레 큰당의 당신은 관세전부인 또는 큰도안
전 큰도부인라 한다. 김녕중학교 후문 쪽에 당으로 들어가는 입구가
있다. 신목인 폭낭은 보호수로 지정되어 있다(3-3-3-2-1). 제단 뒤편
좌우로 폭낭이 있고 제단 앞의 좌우에 뚜껑 없는 궤 2개가 있다. 당터
내부에 사각형 돌담을 쌓고 시멘트로 마무리 했다. 그곳에 당이 있고
당의 오른쪽 모퉁이에도 폭낭이 있다. 출입구 왼쪽 담에 '1971. 음 5.19
한임생 목독단' 이라고 새겨져 있는데 제일교포 한임생 씨가 당을 정비
할 때 그 비용을 희사한 것을 기려 쓴 것이라 한다. 제단의 정면 시멘
트에도 '부녀회 일동 대표 한옥여 한계성'이라고 쓰여 있다.

사장빌레 큰당은 강남천자국 안카름에서 삼형제가 들어와 큰형님은
조천 정중부인, 막내는 온평리 맹오부인, 둘째는 김녕 큰당에 좌정하
신 관세전부인이라 한다.

동김녕리 본향 사장빌레 큰당

59. 월정리 본향 서당머체 큰당

월정리 서당머체 큰당에는 당집에는 남신 '신산국 삼대왕 적선복 시
도령 ᄌ부금 노태웃도'를 모시고 왼쪽 나무에 여신 '서당할망 황토부인
(蛇神)'을 모시고 있는 부부별좌형의 당이다. 신체는 당집(위패)과 신목
이며, 당의 형태는 당집형·신목형·석원형·제단형·위패형·지전
물색형·부부별좌형이다. 당신의 기능은 본향당신으로 생산·물고·
호적·장적을 관장한다. 여신 서당할망 황토부인(蛇神)을 위한 굿을 할
때는 돼지 전마리를 올리는 돗제를 하며, 제일은 남신 노태웃도는 1
월 14일 대제일, 12월 계탁제를 하며, 여신 서당할망의 제일은 6월 8
일, 18일, 10월 8일, 18일 이며 이 여신의 기능은 두통, 상·하토, 복통
에 효험이 있고, 이 할망은 임신했을 때 돼지털을 그을려 냄새를 맡았
기 때문에 사냥을 하던 신산국 노태웃도의 노여움을 사 따로 좌정하게
되었다. 즉 신산국은 바람 위쪽, 황토부인 서당 할망은 바람 아래 좌정
하여 두 개의 당으로 분리 별거하고 있다. 특히 서당 할망의 제는 돼지
전마리를 올리는 돗제로 이루어지며, 열두 가지 부술(符術)로 단골들의
병이 나게도 하고, 병을 고쳐주기도 하는 사신(蛇神)이며, 치병신이다.

월정리 본향 서당머체 큰당

60. 행원리 남당

행원리 남당 해신당에는 '중의또'라는 신이 좌정하고 있다. 이 신은 행원리의 어부·해녀들을 수호해 주는 신이다. 본풀이에 의하면, 중의 또는 "아버지는 강원도, 어머니는 철산서 태어났다. 당도 절도 파락되어 살 길이 없어 제주도에 들어왔는데, 어디서도 대접받지 못했다. 오던 길에 배가 고파 마을에서 돼지고기를 끓인 국수를 얻어먹었다. 행원 마을에 와서도 육식을 했기 때문에 부정하다 하여 대접을 받지 못했다. 중의또는 마을의 어부·해녀를 차지하고 있는 남당하르방·남당할망에게 문안을 드렸다. 이들은 돼지고기를 먹었으니 부정하다며 당의 제단 한 계단 낮은 곳에 함께 좌정할 것을 허락하였다. 중의또는 신의 서열은 낮아졌지만, 마을의 어장과 잠수를 차지한 신이 되었다. 행원리에서는 당굿을 할 때 〈남당 중놀이〉를 한다. 〈남당 중놀이〉는 음력 10월 보름날 구좌읍 행원리 당굿에서 연행되는 '굿중 놀이'로서 마을의 잠녀와 어부를 수호하는 행원 남당의 하위신(下位神)이 돼버린 스님 '중의또'가 어떻게 해서 마을의 당신으로 좌정하게 되었는가를 보여주는 연극적인 놀이굿이다. 〈중의또 본풀이〉는 중이 돼지고기를 먹음으로써 승려로서의 계율을 파기하고 당신이 되었다는 '신이 된 스님'의 이야기, 불교 세속화 과정의 신화(神話)다.

행원리 남당

61. 세화리 본향 천자또 산신당

세화리 본향 천자또 산신당은 원래 '손드랑모루'에 있었으나, 일뤠당 옆으로 옮겼다.

당은 서화릿당, 세화본향당이라 하며, 당신은 천자또, 백주또, 금상 님 3위를 모시고 있다. 신체는 위패형이며 당의 형태는 당집형·제단 형이다.

당에 쓰이는 제물은 메 1기, 계란, 고구마, 떡, 돼지고기를 쓰지 않 는데 단, 돼지 전마리를 금상님몫으로 마련한다. 제일은 2월 12일, 7월 12일, 10월 12일이며, 당신의 기능 생산·물고·호적·장적, 당의 특 징은 치병의 효험이 있다. 영기가 센 당. 일제 때 일인 관리가 당집을 불질렀다가 그 자리에서 즉사했다 한다.

세화리 본향 천자또 산신당

62. 하도리 본향 삼승불도할망당

하도리 본향 삼승불도할망당은 하도리 섯동네(西洞) 비석거리 사이의 시멘트 포장길에서 아래 밭쪽으로 약간 내려가면 오른편에 슬레이트 당집이 있다. 이 당은 하도리 본향 삼싱불도 할망당이며 당신의 이름은 도걸로 도집사, 삼싱불도 할망 남녀 두 신위를 같이 모시고 있다. 당의 입구 정면의 붉은 휘장에 당의 유래를 적어 걸었다. 당집 입구 왼편에 시멘트 벽돌로 소각로를 만들었고 입구 오른편으로는 소주병들이 쌓여 있다. 당집에 들어서면 문 오른편으로 한복과 깃발, 명주실들이 제단의 좌우로 걸려있다. 가족 이름과 나이, 소원의 내용들을 적은 깃발도 있다. 제단 중심에는 꽃, 위패, 백지, 물색, 술잔 등이 있다. 왼쪽의 위패에는 여래불도 할마님, 오른쪽 위패에는 좌정도찬호도집사라고 적혀 있다. 삼싱할망의 머리카락을 보존하고 있었으나 1987년 화재때 없어졌다. 삼싱불도할망의 제일은 1월 12일, 2월 12일, 7월 14일, 10월 12일이다.

하도리 본향 삼승불도할망당

63. 상도리 본향 막음질 일뤠할망당

상도리 본향 막음질 일뤠할망당은 세화고등학교 동쪽 상도리 마을 중심에서 남쪽으로 간 300m 지점 모래 언덕에 있다. 이곳을 속칭 '막음질'이라 하는데 이곳에 당이 있다. 당은 상도 본향당, 막음질 일뤠당이라 하며 당신 이름은 황새부인 적새부인 서당뿌리 일뤠한집이라 한다. 당의 신체는 신목형, 궤형이며 당의 형태는 신목형·석원형·동산형·지전물색형·제단형·당집궤형이다. 제물은 돌레떡, 생선, 계란, 과일, 감주, 물색, 지전 등을 올리며, 제일은 6월 7(17, 27)일, 11월 7(17, 27)일이고, 당의 기능은 생산·물고·호적·육아의 기능을 한다.

상도리 본향 막음질 일뤠할망당

64. 종달리 생개납 돈짓당

구좌읍 종달리 포구 서쪽 200m 지점에 있는 해신당은 '생개납 돈짓당'이라 하며, 종달리 해안가 '생개' 앞 큰 바위를 신석(神石)으로 하고, '개쫑낭(쥐똥나무)'을 신목(神木)으로 하여 지전과 물색이 화려하게 걸려있는 전형적인 바닷가의 해신당이다. 이 당은 어부·해녀들이 공동으로 요왕(龍王)·선왕(船王)을 모시고 있는 당으로, 어부들은 매달 초하루 보름에 당에다니며, 해녀들은 물에 들 때 수시로 가서 빈다. 당에가서 빌면, 풍어와 해상안전을 가져다 준다.

종달리 생개납 돈짓당

65. 송당리 본향 웃손당 당오름 백주할망당

송당리 본향 웃손당 당오름 백주할망당은 '본향당' 이정표가 있는 곳에서 북쪽으로 간 300m 당오름 기슭에 있다. 이 당은 송당 본향당, 당오름 금백주 할망당이라 하며, 당신은 웃손당 금백주, 셋손당 세명주, 알손당 소로소천국이라 부른다. 신체는 신목형 위폐형이다. 당의 형태는 신목형 · 당집위폐형 · 석원형 · 제단형 · 신물보관형이다. 당에 다닐 때 쓰는 제물은 메 2그릇, 생선, 5과, 돌레떡, 백시리, 삶은 계란을 쓰며, 돼지고기는 쓰지 않는다. 신에게 바치는 폐백으로는 치마, 저고리, 가락지, 비녀, 옷감 등을 올린다.

당 제일은 1월 13일(신과세제), 2월 13일(영등손맞이), 7월 13일(백중마불림제), 10월 13일(시만국대제)이며, 당의 기능은 나는 날 생산 차지, 죽는 날 물고 · 호적 · 장적을 치지한 본향신이다. 백주할망당의 상단골은 광산 김씨이며, 지금도 당에 갈 때는 3일 정성을 한다.

송당리 본향 웃손당 당오름 백주할망당

66. 송당리 상덕천 체오름 사라흘 산신당

송당리 상덕천 사라흘 산신당은 상덕천리 마을길로 체오름 입구까지 가면, 목장 서쪽 300m 지점 동산에 있다. 당신의 이름 사라흘 산신또, 산신백관 하로산또 아홉 신위이며 하위신은 '송씨하르방'과 '송씨누이'이다. 신체는 신목이며 당의 형태는 신목형·지전물색형·구릉형·석원형·궤형·제단형이며 제물은 메 3기, 떡, 제숙, 계란, 육류, 생선, 소고기 날고기를 쓰며, 돼지고기는 사용하지 않는다. 제일은 1월 3일, 2월 3일, 7월 3일이며 당신의 기능은 육축 번성, 수렵 풍등을 시켜준다.

송당리 상덕천 체오름 사라흘 산신당

67. 하덕천리 본향 거멀 문국성 산신당

하덕천리 본향 거멀 문국성 산신당은 덕천리 교차로에서 서쪽방향 덕천보건진료소로 가는 도로 북쪽 지점에 있다. 당신은 송당 금백주 할망의 큰아들 거멀 문국성이다. 송씨하르방, 송씨할망, 가운딧도 일뤳도 등의 신도 모신다. 신체는 신목(폭낭, 후박나무)이다. 당의 형태를 보면 신목형·제단형·석원형·지전물색형이다.

당의 제물은 육류를 사용한다. 제일은 1월 3일, 2월 3일, 7월 3일이며 당신의 기능은 생산·물고·호적·장적과 육아이다.

하덕천 본향 거멀 문국성 산신당

6장. 서귀포 당올레

서귀포시 본향당의 성숲

제주신화의 수수께끼 6

당신화에는 "땅 가르고 물 가르고 살림 분산하자."는 마을을 나누자는 화소가 본풀이에 나오는데 서홍리·서귀동홍 지역의 신화에서 남편 바람의 신 'ㅂ름웃도'를 차지하려던 서홍리를 차지한 미모의 처신 고산국과 ㅂ름웃도를 빼앗고 서귀포로 달아난 동홍리를 차지한 예쁜 안개의 신 처제신 지산국의 사랑싸움은 두 지역의 땅과 물을 나누게 되고 결국은 서홍리와 동홍리는 서로 혼인도 못하고 당을 맨 심방이 왕래도 하지 않는 원수 마을이 돼 버렸다. 이러한 아름답고 재미있는 신화를 소지한 서홍천과 동홍천을 애워싸고 있는 아름다운 성숲은 폐허가 돼 어버렸다. 복원이 시급한 귀중한 문화경관이라 생각한다.

서귀포시 맑은 물을 끼고 있는 아름다운 성숲

서귀지역 본향당을 품고 있는 아름다운 성숲은 특히 제주사람들의 식수원이 되는 상수도 보호구역, 희귀한 철새도래지, 희귀한 식물들이 자라는 지역이어서 제주도가 지켜나가야 할 자연경관이며 이곳에는 마을의 성지로서 본향당을 품고 있는 성스러운 숲, 성숲이니, 강정천에는 강정리 냇기리소 일뤠당·ㅇ드렛당의 성숲이 있고, 서귀진 서쪽 끝에 흐르는 옛날 '나뭇꾼과 선녀' 영화 촬영도 하였던 월평리 성창골 진끗네 하로산당과 진끗내 토산일뤳당과 ㅇ드렛당의 있는 성숲도 추천할만한 아름다운 성숲이다. 그리고 천재연의 맑고 찬 생수와 함께 아름다운 성숲을 가진 중문동의 굴당 ㄷ람지궤 하로산당의 당굿, 정월명절날의 신과세제와 8월 추석의 마불림제가 서귀포 지역의 아름다운 당굿이었던 20년 전이 생각난다. 아마 당굿에는 7,80명의 단골들이 모였던 것 같다. 지금은 다니는 단골들은 보이지 않고 신당만 쓸쓸하게 남아있다.

서홍동 장구물동산 일뤠당

동홍동 고망물 ㅇ드렛당

한라산 서남어깨에서 솟아난 한라산신(하로산또)

한라산신 중에는 한라산을 떠돌아다니며 사냥을 하던 사냥꾼(사농바치)[狩獵神]이 아닌 신들, 한라산에서 솟아났으나 좌정할 곳을 찾아 천기를 보고 나침반을 보며, 산과 물의 혈(穴)을 밟아 내려오는 풍수신(風水神)계의 하로산또와 ㅂᆞ름웃도가 있다. 한라산신 중 '하로산또'는 '한라산'에 신(神)의 존칭으로 쓰인 '또(도)'를 붙인 신명으로 '한라산의 신'이란 뜻이며, 하로산또 중에 학문이나 풍수 등 천문지리에 상통한 산신은 '산신백관'이라 부르기도 한다. 그러므로 한라산또는 사냥·목축신, 풍수신(風水神) 또는 바람의 신[風神]까지 포함하여 한라산신의 뜻을 지닌다. 그리고 신 가운데 'ㅂᆞ름웃도'란 이름은 '바람'+'위(上)'에 신의 존칭 어미 '또(도)'를 붙여 이루어진 '바람 부는 위쪽에 좌정한 신'이란 의미의 바람 신[風神]을 뜻한다.

하로산또

〈중문동 하로산당 본풀이〉는 1985년 8월 7일 서귀포시 예례동(猊來洞)에서 문무병이 채록한 김명선(女巫, 65세)의 구연본 일부를 풀이한 것이다.

서귀포지역 한라산 산신의 계보 중 큰 갈래를 이룬 신은 '하로산또'다. 그중 중문동 도람지궤(지명)에 좌정한 '중문이하로산'의 계보는 아래와 같다. 한라산 서쪽 어깨 '소못뒌밧'에서 9형제가 솟아났으며, 당제일은 팔월 대보름 마불림제, 정월 초하루 신과세제를 한다. 5남 중문이하로산은 '칠거리뒌밧'에서 가지 갈라 모셨다.

장남 — 수산리(성산읍 수산리) 울뤠ᄆ루하로산

차남 — 물미(애월읍 수산리) 제석천왕하로산

삼남 — 예촌(남원면 신·하례리) 삼신벡관또하로산

사남 — 호근이(서귀포 호근리) ᄋ드레 산신벡관또하로산

오남 — 중문이(중문면 중문리) 중문이벡관하로산

육남 — 섹달리(중문면 색달리) 섹달리 당동산 벡관또하로산

칠남 — 열뤼(중문면 상·하예리) 당올레 열뤼벡관또하로산

팔남 — 통천이(안덕면 감산리 통천동) 고나무상태자하로산

구남 — 날뤠(대정읍 일과리) 제석천왕하로산

한라산 서쪽 어깨 소못뒌밧에서 솟아난 중문동 또는 색달동계 하로산또는 산신백관이라 부르는 풍수신계 한라산신이다.

ᄇ름웃도

한라산신 중 하로산또란 이름 외에 ᄇ름웃도는 바람신[風神]의 신격을 나타낸다. 이러한 바람의 신은 바람 이외에도 넓은 의미의 신바람으로 여러 가지 신의 성격과 특징을 나타내기도 한다. "깨끗하다 ↔ 더럽다" "착하다 ↔ 악하다" "채식을 하는 신이다 ↔ 고기를 먹는 신이다"와 같이 하늬바람[北風] ↔ 마파람[南風], 선(善) ↔ 악(惡), 정(淨) ↔ 부정(不淨), 미식(米食) ↔ 육식(肉食)의 갈등을 나타낸다.

당신을 '한집'이라고도 하는데 본풀이에 보면 보목리의 당신 조녹이 한집의 형님은 풍수신 예촌 삼신백관이다. 서귀포시 예촌·보목·효돈·토평 본향당(남원면 신·하례리, 서귀리, 보목리, 신·상·하효리, 토평

리) 본풀이에 의하면 또 다른 계보가 형성되고 있음을 알 수 있다(현용준, 『무속자료사전』, 628쪽 참조).

　　예촌 본향을 비롯한 5개 마을의 본향신은 3형제다. 첫째는 한라산 동남 밭에서 솟아난 백관님, 둘째는 강남천자국(중국)서 솟아난 도원님, 셋째는 칠오름서 솟아난 도병서 삼위(三位)는 예촌본향(禮村本鄕)이고, 보목리(甫木里) 조노기 본향은 한라산 백록담서 솟아난 ㅂ름웃도다. ㅂ름웃도 부인은 신중부인 되시는데 하루는 부인과 함께 백록담서 내려와 '제완지흘'(상효리 지명)에 와보니 칠오름에 청기와 차일을 쳤으니 "어떤 어른이 앉았는가?" 부인은 토평리 허씨 과부댁에 맡겨두고, 당신 혼자 칠오름 청기와 친 곳에 가 수작을 해 보니, 한 어른은 하로영산 백관님이고 한 어른은 강남 천자국 도원님이고, 한 어른은 칠오름 도병서 됩니다. 세 사람이 바둑 장기를 두다 통성명을 해 보니 나이는 조노기본향(甫木本鄕神)이 위고 예촌 본향은 밑이니 네 어른이 의논할 때, 백관님이 말하기를 "우리 바둑을 두어 이긴 편이 형, 진 사람을 아우로 삼자." "어서 걸랑 기영 헙주." 그리하여 네 어른이 앉아서 조노기본향과 바둑을 두었는데, 조노기본향이 이길 듯 하니 예촌본향을 셋이서 훈수를 들어 결국 이깁디다. 조노기본향이 말하기를 "내 바둑은 졌습니다. 어디로 가겠습니까?" "내가 형이니 위를 차지하겠다"하여 예촌 배야기뒌밧(남원면 예촌의 지역명)에 좌정했고, 조노기본향은 보목리 조노기에 내려와 좌정하였다. 예촌본향은 셋이서 바둑을 뛰는데 밀양 박씨가 앞을 지나가니, "너는 어떤 인간이냐?" "나는 밀양 박씨웨다." "우리가 좌정할 곳을 알겠느냐?" "나도 이제 막 오는 길이니 알아보겠습니다."하고 살펴보고 와서, "비야기뒌밧이 좌정할만 합니다." "그러면 그곳에 내 좌정할테니, 넌 당하니(당을 맨 심방, 堂漢)로 상예촌·하예촌, 상효돈·하효돈을 차지하여 벌어먹어라 하니, 밀양 박씨는 대대손손 당을 매어온 신당입니다.

조노기 한집(甫木里 堂神) ᄇ름웃도는 부인이 있는 토평리에 내려보니 존경내(돼지고기 냄새)가 심히 나서 "어째서 존경내가 심히 나는가?" "오줌 누러 갔다가 돼지고길 하도 먹고 싶어 물명주를 손에 감아 돼지 항문으로 넣어 간회를 꺼내 먹으니 존경내가 납니다." "더럽구나. 나와 함께 좌정하지 못한다. 너는 보목리에 갈 수 없으니 토평리 막동골에 좌정하여 사냥꾼에게 사냥감 네발 동물고기 얻어먹고 살라."하여 토평 막동골에 좌정하였다.

　조노기 한집님은 새금상따님아기를 소첩을 삼았는데 따님애기는 우김이 세고 투심이 세어 한 아름 가득 금책(冊), 한줌 가득 붓, 일천장의 벼루, 삼천장의 참먹, 상단골의 상별문서(上別文書) 중단골의 중별문서, 하단골의 하별문서, 낳는 날 생산을 받고, 죽는 날 물고를 달게 하고, 저승 이승 오가일통(五家一統)을 차지하여, 아기를 나면 여래불법 삼승할망에 맡겨 키워주고 열다섯 십오세가 넘어 결혼하게 되면 홍포사리(혼소함 보자기)도 돌봐주는 한집입니다. 조노기 ᄇ름웃도(甫木本鄕男神)는 산쇠털 흑전립(黑戰笠)에 운문대단(雲紋大緞) 안을 받쳐입고, 화살을 쏘으면 일만군사가 숙어 들어오고, 삼천군병이 나가는 ᄇ름웃도외다. (서귀읍 하효리 남무 강태옥 구송본을 풀어씀)

바람의 신과 미녀들의 싸움

　한라산은 영산이다. 한라산 계곡에서는 바람 · 비 · 안개 · 구름이 만들어진다. '하로산또'가 한라산을 인격화한 신이듯이 바람 · 비 · 구름 · 안개도 인격화되어 신으로 불리는 경우가 있다. 'ᄇ름웃도', 이 신은 누가 보아도 '바람'을 인격화한 풍신이다. 그런데 당본풀이에서 'ᄇ름웃도'는 바람 자체를 인격화한 경우도 있고, '하로산또'인 남신이 바람 위쪽(風上向)에 좌정했기 때문에도 붙여진다.

〈서홍 · 서귀당 본풀이〉에 등장하는 '일문관 ᄇᄅᆷ웃도' '고산국' '지산국'은 신화의 내용으로 보아 한라산의 자연을 인격화한 신이다. 마을의 설촌과 관련시켜 생각하면, 수렵 · 목축 · 바람 · 풍수 · 농경의 신이다. 즉 〈산신당 본풀이〉에 나타나는 산신의 기능이 망라되어 있다. 〈서홍 · 서귀당 본풀이〉는 서홍리 · 동홍리(上西歸) · 서귀리(下西歸) 세 마을이 나뉘게 된 이유를 설명하는 마을의 〈설촌 신화〉이다. 그리고 온갖 신들의 도술과 능력이 신성한 공간(=自然) 안에서 바람 · 안개 · 축지법 · 천문지리 등, '풍운조화'로 선보이는 풍신신화이며 농경신신화라 할 수 있다.

〈서홍 · 서귀당 본풀이〉

제주땅 설매국에 천문 상통하고, 지리 하달한 '일문관 바람운님' 솟아났다. 바다 건너 만 리 밖 비오나라 비오천리 홍토나라 홍토천리에 고산국이란 미색이 있다는 소문을 듣고 가서 부부인연을 맺는다. 처의 동생이 더 예쁘다는 사실을 알자 그녀를 꾀어 밤에 청구름을 타고 도망하여 제주영산에 이른다. 남편이 동생과 함께 달아난 사실을 안 고산국 역시 천문에 달통 지리에 능달한지라 영기를 흔들어 역풍을 내며 쫓아가 제주영산에 이른다. 동생과 바람운이 도망하여 부부인연을 맺고 첫사랑에 빠져있는 사실을 알고 분기충천하여 뽕개를 던져 둘을 죽이려 한다. 도술에 능한 동생이 안개를 피워 칠흑 같은 밤을 만드니 정신이 아득하여 오히려 빠져나갈 수 없었다. 고산국은 매정한 동생을 나무라며 인정에 호소하여 안개를 거두라고 한다. '일문관 ᄇᄅᆷ웃도'가 나무가지를 박아 닭의 형상을 만드니, 닭이 홰를 치고 새벽이 밝아오며 안개가 걷힌다. 고산국은 다시 억분함을 참을 수 없어, 동생에게 내 동생이 아니니 '지'가로 성을 바꾸고 제갈 길을 가라하고 서로 이별한다. 고산국은 모든 인연을 끊어두고 남쪽으로 내려오고, 바람운은 천리경 걸렁쇠를 놓아 '쌀오름' 봉우리에 좌정하여 백차일을 치고 있었다. 웃서동 김봉태란 사람이 개를 데리고 사냥을 하러 하잣·중잣·상잣을 넘어오다 보니 백차일이 둘러 있으므로 가서 현신 문안을 드리니 '산구경 인물 차지'하러 왔다 하며 길 안내를 부탁하다. 김봉태는 신들의 명에 따라 웃서귀로 인도하였는데 마땅한 좌정처가 없자, 집으로 인도하면 연 석 달만 머물겠다 한다. 인간의 집은 먼지 냄새 끄을음 내 화식 냄새가 나서 신이 살 곳이 못 된다 사정을 말하고, '웃당팟'에 신당을 지어 머물게 하였다. 연 석 달을 머물던 신들은 말 탄 인간 보기 싫고, 개짐승 보기 싫어 살 수 없으니 떠나겠다하며, 소식을 전할 테니 기다리라 하고 '웃당팟'을 떠난다. '먹고흘궤'에 좌정 석 달을 경과해가니, 시냇물 소리와 울창한 숲이 울적하여 살수 없으므로 고산국을 만나 의논하려 한다. 서홍리를 차지하고 있는 고산국을 '가시머리멧돌' 지경에서 다시 만난다. 일문관은 사정하며 원만하게 땅을 가르자 하지만, 고산국은 노여움을 풀지 않고, 뽕개를 날리니 흑담에 이르고, 바람운은 화살을 날리니 문섬 '한돌'에 이르렀다. 흑담을 경계로 고산국은 서홍리를 차지하고, 바람운과 지산국은 문섬 북쪽 상·하서귀를 차지하게 되었다. 이때부터 서홍리와 동홍리는 서로 혼인을 못하고, 당을 맨 심방이 서로 왕래 할 수 없게 되었다. 바람운은 지남석 걸렁쇠를 놓아 좌정처를 점치고 하서귀 신나무 상가지에 내려와 좌정한다. 어느 한 사람 응감하는 이가 없자, 괘씸하다 하여 상서귀에 사는 오씨 집안 종손에 병을 주어 신의를 알린다. 오씨 집안에서는 하서귀 송씨 집안에 기별하여 상·하서귀 마을 사람을 집합시켜 당을 설비하기로 하고 나무를 베어다 당집을 지어 당하니(당을 맨 심방)를 정하여 굿을 하게 되었다. 정월 초하루 〈과세문안〉 이월 십오일 〈영등손맞이 대제일〉, 칠월 13일 〈마풀림제〉, 11월 1일 〈생신제〉를 지내게 되었다. 이리하여 바람운과 지산국은 김봉태를 하위신으로 하고 상·하서귀의 본향당신으로 좌정하게 되었다. 하서귀 '소남머리' '수진포'에 금상황제

부인이 좌정하고 있었는데, 상서귀 남쪽을 보니, 두 신이 좌정하였기에 이상이 여겨 까닭을 물으니, 땅차지 인물차지로 좌정하였다는 것이다. 금상부인은 자신이 세력이 약함을 인정하고 자신은 바다를 차지할테니 뭍의인민을 맡아서 다스리라 하고 용궁으로 들어가니, 일문관·지산국이 상·하서귀 인물 차지로 만민단골의 제미공연을 받게 되었다.

본풀이에서 가장 흥미를 끄는 대목은 신들의 싸움이다. 자연의 풍운조화인지, 한라산의 천후가 비바람이 몰아치는 밤의 암흑에서부터 날이 개이고 무지개가 피는 아침이 오는 자연현상, 즉 밤의 어둠으로부터 아침의 광명으로의 전환, 변화무쌍한 신통력의 대결로 펼쳐지는 신화의 도입부는 사랑의 로맨스이며, 당시의 제주사회 관습을 반영하는 처첩갈등·약탈혼의 혼인풍습 등을 그리고 있다.

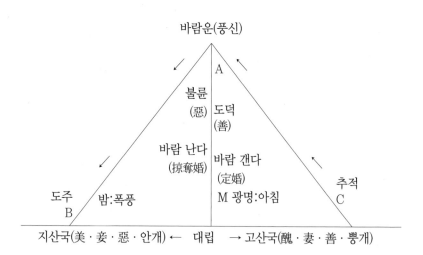

위의 삼각관계의 갈등은 바람 난 바람운과 지산국이 도주하여 불륜의 관계를 맺는 어둠의 세계 △ABM과 바람운과 윤리적인 정혼을 하기 위하여 쫓아가 불륜의 바람을 잠재우려는 고산국의 광명의 세계 △ACM의 대립이다. 그러므로 밤과 어둠을 '급 가르는 싸움'은 신들의 [선/악]·[정/부정]·[어둠/광명]·[풍/역풍]·[정혼/약탈혼]의 이항 대립을 이루어 사회 관습법으로서의 규범적 생활의 준거를 마련하고 있다.

일뤠할망[七日神]의 여러 가지 기능

〈토산리 일뤠당본풀이〉

웃손당 금백주와 알손당의 소천국 사이에 태어난 일곱째 아들이 불효하다 하여 무쇠 석함에 담아 바다에 던져 버린다. 석함에 갇힌 소천국의 칠자(七子)는 용왕국에 이르고, 용왕의 셋째 딸과 혼인하여 살았으나 식성이 과다한 때문에 용왕국에서 쫓겨나 고향으로 돌아오는데, 살아 돌아 온 아들을 보고 달아나다 부모는 정살에 부딪히고 콩깍지가 눈에 들어 눈병을 앓는데, 용왕의 딸(일뤠할망)이 청부채를 흔들어 눈병을 고쳐 준다. 부모가 따로 나가 살라 하므로, 용왕국의 딸은 웃토산에 가 좌정하였는데, 누구 먹으라 쓰라 하는 이 없고, 남편은 한라산에 올라 오백장군의 딸을 첩으로 얻어 사냥을 하고 살면서 돌아오지 않는다. 임신한 용왕국의 딸은 한라산으로 남편을 찾아가다가 목이 말라 돼지 발자국에 고인 물과 돼지털을 끄을려 먹고, 그 때문에 부정하다고 남편에게 쫓겨나 마라도로 귀양 정배 된다. 첩이 그 만한 일로 본처를 귀양보내느냐면서 큰 부인의 귀양을 풀러러 가보니, 아들 칠형제를 낳아 있으므로 이들을 데리고 돌아오게 되는데, 작은 부인은 산으로 큰 부인은 해변으로 헤어져 가다가 나중에 만나기로 한다. 두 부인이 다시 만나 아이들을 점고해 보니 한 아이를 잃어버린 것이었다. 아이를 찾고 보니 띠밭에 뒹굴어 물비리 당비리(옴병), 허물, 눈병이 걸려 있었다. 잃었던 아이를 찾아 병든 아이를 고치고, 우는 아이를 달래고 열심히 기른다. 부인과 소첩은 토산 웃당 일뤠당신이 되고, 아버지와 자식들은 각 마을 본향당신이 되었다.

홀로 좌정한 비바리당[處女堂]의 슬픈 원령

중문 하원동 뒷동산 비바리당

하원동 비바리당의 당신은 하늘 옥황에서 죄를 얻어 인간에 귀양을 온 옥황상제의 따님아기를 모시고 있다. 인간에 귀양정뱃 보내니, 하로영산 백록담에 내려와 천기를 살펴보고 어디로 가야할지 몰라 "어디로 갈까?" 망설이다 이 하원동을 내려와 좌정하려 하니, 이 마을엔 어디 앉을 장소가 없으니, '정동ᄆ들'에 내려와 좌정할 곳을 살펴보니, 팽나무가 있는 곳에 좌정했는데, 하늘에서 내려온 옥황상제의 막내딸은 혼자 그냥 외롭게 내외하는 한집(堂神)이기 때문에 마을에서는 남자를 멀리하는 당이라 하여 '내욋당', 처녀를 모신 당이라 하여 '비바리당' 또는 '처녀당'이라 부른다. 이 당에는 하원하고 도순하고 월평동 세 마을에서 다니는 당이다. 세 마을에서 이 본향엘 다니는데 하루에 세 마을 단골들이 모두 다니니 그 본향에 가려면 무척 복잡하고 분주하였다. 그래서 세 마을이 모두 따로 가지 갈라 가게 되었다. 이 마을에서도 가지 갈라다 모시게 되었는데, 여러 곳에 옮겨다 당을 마련했는데 처음엔 저기 '강정모를'이란 곳에 와서 이삼 개월 좌정하니 앉을 자리가 좋지 못하니 다시 '알당밧'에 좌정했었다. '알당밧'은 지금 당이 있는 곳에서 조금 위쪽에 있다. 그리고 다시 '웃당밧'에 좌정했다가 현재의 본향당 자리 '뒷동산'에 모시게 되었다. 뒷동산에 좌정했다가 4·3사건에 성을 쌓게 되자 자손들은 성 안에 살고 조상[堂神]은 성 밖에 둘 수 없어 성안으로 당을 옮겼다. 그때는 모두 굿을 해가지고 비바리당은 뒷동산으로 모시고, 또 여기 '토산웃당'을 모시고 '토산 알당'은 허개동산에 모셨다. 비바리당의 이전 경로를 보면 아래와 같다.

정동모들→강정모를→알당밧→웃당밧→뒷동산(성밖)→뒷동산(성안)

'정동모들'은 도순리 지경에 있다. 뒷동산은 하원본향이고 '정동모들'은 도순본향이다. 비바리당은 처녀당이기 때문에 이 당의 당신은 꿈에 본 사람이 이르길 "이 할망(당신)은 전봇대만큼 큰 어른이었소. 꿈에 보았는데, 정말 전봇대만큼 컸수다." "꿈에 무신 옷 입었습디가?" "저 꿈에 보니까 그냥 한복이라 마씀. 한복인데 머리가 이 만큼은 등겨. 그런데 옷은 그냥 흰 것도 아니고 보통 절간에 스님들 입는 옷 있잖습니까. 그런 옷입디다. 치만데 짧은 치마야. 이 정도 오는 치마." 비바리당의 단골은 단골들이 당에 가 앉으면 제일 먼저 상단골은 황씨, 황씨라 하지만 지금 황씨는 없다. 그 다음은 강씨, 그리고 김해 김씨 순으로 열명을 하는데 지금은 강씨가 상단궐이고 버금엔 김씨, 그 버금에 오씨 그 다음엔 순서 없이 제민단골이 된다.

〈1992년 11월 3일, 양진생(여무, 65세), 별명: 아기업은 심방〉

68. 중문동 본향 불목당

중문동 본향 불목당의 당신은 요왕국 말젯똘애기다. 1100도로의 중문우회도로가 교차하는 회수동 집입로 오른쪽에 당이 있다. 길가에서 잡목수림으로 들어가는 작은 길이 있다. 수림 안으로 들어오면 넓은 평지가 나타나고, 그 앞의 바위동산에 당이 있다. 큰 바위가 있는 곳을 중심으로 해서 양쪽으로 제단이 나뉘어져 있다. 큰 제단은 불목당을 모시는 것이고, 작은 제단은 ᄋᆞ드렛당을 모신 것이다. 바위 왼쪽 제단은 작은 돌을 쌓고 그 위에 시멘트로 만든 네모 판을 올렸다. 제단 옆으로 폭낭이 자라고 있다. 제단 위에는 양초 도막들이 흩어져 있고, 제단 앞의 바위틈에 지전물색을 걸었다. 제단 뒤쪽의 작은 나무에는 지전물색이 걸려 있고, 제단 앞쪽에 돌을 둘러서 소각로를 만들었다. 오른쪽에 있는 제단은 암반을 그대로 제단으로 이용하고 있으며, 바위 위의 푸조나무와 보리수나무에 지전물색이 걸려 있다. 바위 위와 아래에 초를 피운 흔적들이 있다. 원래 중문동의 ᄋᆞ드렛당은 '서더럭트멍'에 있었는데, 3~4년 전에 이곳으로 옮겨왔다고 한다. ᄋᆞ드렛당은 산신당이라고도 하는데, 소나 말을 기르는 사람들이 주로 다녔다고 한다. '불목당'은 원래 굴무기낭 때문에 '굴묵당'으로 부르던 것이 '불묵당'을 거쳐 '불목당'이 된것이라 한다. 불목당은 ᄃᆞ람지궤당의 자부신(子婦神) '요왕또'를 모신 당이다.

중문동 본향 불목당

69. 하예동 본향 열리하로산당

하예동 본향 열리하로산당은 마을회관 서쪽 500m 과수원 한가운데 당집이 있다. 당명은 열리하로산당 또는 당올렛당이라 하며 신의 이름은 하로백관또, 당올레한집이라 한다. 당에 모신 신은 남 1, 여 1 둘을 함께 모신 부부합좌형의 당이다. 신의 기능은 생산, 물고, 호적, 장적을 관장하는 본향당신의 기능을 가졌다. 당의 건조형태는 전답형·당집형·신상형이며 특히 이당의 특징은 당이 과수원 안에 있는데 당집에는 나무로 깎은 신상을 모시고 있는 신상형의 당이다.

당의 제일은 1월 15일 8월 15일이며, 당에 사용하는 제물은 메 2~3 그릇 이다.

당은 시멘트를 이용해 집을 짓고 함석으로 지붕을 올리고 새시문을 달았다. 당집 안으로 들어가면 정면에 시멘트로 만든 제단이 있고, 그 가운데 다시 시멘트로 궤를 만들고 유리문을 달아서 그 안에 신상을 모셨다. 신상은 나무로 만들었으며, 왼쪽에는 남자 한복을, 오른쪽에는 여자 한복을 입혀 놓았다. 신상 주위로 향로와 촛대, 그릇 등이 놓여 있다. 제단 한쪽에 돗자리와 카펫 등이 정리되어 있다.

하예동 본향 열리하로산당

70. 대포동 본향 쿳등이ᄆ루 웃당

대포동 쿳등이ᄆ루 웃당의 당신은 대포 본향은 중문동 불목당에서 가지 가른 불목당 요왕또이다. 신체는 신목이며 신은 해신계의 신이며 좌정 형태는 동당이단형이며 신의 기능은 생산·물고·호적·장적을 관리하는 본향당신이다. 제일은 6월과 11월 매 7일이며 당에 올리는 제물은 매 3~4그릇(사발매 1~2, 보시매 2) 사용하며 당의 유래는 중문동 본향 불목당에서 가지 갈라 온 요왕또를 모신다.

당은 약천사 서쪽 방향이다. 농업용수관정소가 있고, 그 맞은편 밭 사이로 당으로 이어지는 당올레가 잘 닦여 있다. '쿳등이ᄆ루'에는 모두 3개의 당이 층을 이루며 나란히 있다. 가장 위에 있는 것이 대포동의 본향당이다. 본향당에는 돌담이 낮게 둘러져 있고, 그 가운데 돌을 쌓고 시멘트를 발라 제단을 만들었다. 제단 위에는 신목인 푸조나무가 있고, 보리수나무 덩굴이 우거져 있다. 나뭇가지에 줄을 매서 지전물색을 길게 걸어 놓았다.

대포동 본향 쿳등이ᄆ루 웃당

71. 대포동 자장코지 줌녀당(海女堂)

대포동 자장코지 줌녀당은 자장코지 바위섬에 위치하고 있으며 당신은 개당할망이란 해신계 여신 한 분을 모신 독좌형의 신당이다. 신체는 신목(똥낭)이며 당의 건조형태는 신목형(神木型) · 암석상존형(岩石上存型) · 지전물색형(紙錢物色型)이다. 당의 특징은 요왕제를 하고 바다에서 죽은 영혼을 위해 지드리는 당이다. 대포동 포구 등대 맞은편 '자장코지'의 우뚝 선 바위 위에 당이 있다. 바위 위로 올라가면 그 끝에 사스레피 나무가 자라고 있는데, 그곳에 지전물색과 명씰이 걸려있다. 우뚝선 바위 아래쪽에 돌을 평평하게 만들어서 제단을 만들었다. 단 위에는 양초를 피운 흔적들이 보인다. 이 당은 해녀들만 다니는 당으로 생기 맞는 날을 택해서, 1년에 두 번 정도 다닌다고 한다. 해녀 일을 그만두게 되면 당에 다니지 않는다. 지를 쌀 때는 종이에 밥 3 숟가락, 쌀, 고기, 사과, 동전 등을 넣고 실로 감아서 만드는데, 한 사람이 3개 정도를 싸서 바다에 던진다.

대포동 자장코지 좀녀당(海女堂)

72. 하원동 본향 뒷동산 비바리당

하원동 본향 뒷동산 일뤠당(비바리당)의 당신은 옥황상저 말젯뜰애기이다. 당의 제일은 6월, 11월 17일 또는 택일하여 가는데, 당의 신체는 신목이며, 당에 올리는 제물은 사발 메 2, 보시메 1 이다. 당신의 기능은 마을의 생산 · 물고 · 호적 · 장적을 관리하는 일이다. 당건조형태는 구릉형(丘陵型) · 노변형(路邊型) · 신목형(神木型) · 제단형(祭壇型) · 지전물색형(紙錢物色型)이며, 당의 특징은 당에 가서 일체 말을 하지 않는다. 당에는 자시 넘어 2시경에 간다.

마을 길가 바로 옆에 당이 있다. 입구로 들어가면 넓은 돌담이 한 겹 둘러져 있고, 안쪽에 다시 돌담을 둘렀다. 바깥쪽 돌담 안에는 구던을 올랄 수 있는 단을 길게 만들어 놓았다. 안쪽에 다시 이중으로 돌담이 둘러져 있는 곳이 나온다. 가장 안쪽 돌담 안에 시멘트로 된 제단이 가 역자 모양으로 만들어져 있다. 제단 뒤로 나무에 줄을 매 지전물색을 걸었다. 돌담 위에 있는 송악에도 지전물색이 걸려 있다. 맨 안쪽 돌담을 에워 싼 돌담 안에 벚나무, 팽나무, 참식나무, 천선과 등이 자라고 있다. 당신은 도순동 정동ㅁ들에서 가지 갈라다 모신 처녀신이다.

하원동 본향 뒷동산 비바리당

73. 강정동 본향 냇길이소 일뤠당

강정동 본향 냇길이소 일뤠당의 당신은 동이본향 일뤠할망이다. 당제일은 매 7일이며, 신체는 신목이며, 당에 올리는 제물은 사발메 1, 보시메 2, 생선, 과일, 음료수 등이다. 당신의 기능은 산육, 치병이다. 당의 건조형태는 신목형, 제단형, 천변형(川邊型)이다.

강정 냇길이소 천변에 있는 당이다. 원래 냇길이소에는 원래 일뤠당 하나만 있었는데 몇 년 전에 개구럼비당이 이곳으로 옮겨 와서 두 개의 당이 나란히 있다. 냇길이소 안내 표지판에는 "강정천의 수원으로서 사시사철 푸른물을 간직하고 있다. 〈폭포, 암벽, 은어, 깨끗한 물〉 네가지가 '길상'이라 하여 이름 붙여졌다고 한다. 원앙과 흰뺨 검둥오리가 있는 모습을 자주 볼 수 있다. 냇길이소 옆에는 국내 최고수령에 버금가는 담팔수나무가 신목으로 있는 '냇길이소당'이 있다." 표지판 뒤로 하천으로 내려가는 길이 있는데, 길을 따라가면 잡목수림 안에 커다란 담팔수나무가 보인다. 이 담팔수나무 아래가 동이본향당이다. 담팔수나무 뿌리 부근에 바위들이 있는데, 그 한쪽에 돌을 쌓아 제단을 만들었다. 제단 위에는 양초가 많이 있고, 한쪽에 끈을 매서 지전물색을 걸어 놓았다.

강정동 본향 냇길이소 일뤠당

74. 월평동 성창골 비바리당

월평동 본향 성창골 비바리당의 당신은 옥황상제 말젯똘애기다. 당은 여신 독좌형 비바리당(處女堂), 내외하는 금남의 당이다. 신체는 신목이며, 제일은 6월 11월 17일이며, 당에 가지고 가는 제물은 사발메 1~2그릇, 보시메 1그릇, 고기, 과일 3개, 소주 1병, 지전 3장, 물색 3개, 돌레떡 등이다. 당의 건조형태를 보면 신혈형 · 제단형 · 지전물색형 · 석원형 · 천변존재형 · 동산형이며, 당신의 기능은 마을의 생산.물고.호적.장적을 관리한다. 당의 특징은 도순리 정동머들 폭낭당에서 가지 갈라 온 당

성창골 비바리당은 돌 울타리(石垣)이나 제단은 따로 없고, 큰 암반 틈에 자란 덩굴에도 지전물색을 걸었다. 지전물색이 걸린 아래쪽 바위틈에 궤가 하나 있다. 주변에 소주병과 양초 도막이 흩어져 있다. 바로 앞쪽에 푸조나무 한 그루가 있다. 당에 갈 때 사람을 만나면 말을 하지 않는다.

월평동 성창골 비바리당

75. 호근동 본향 돌혹 **으**드렛당

호근동 돌혹 **으**드렛당의 당신은 애비국하로산또이며, 당의 제일은 1
월 8, 6월 8, 11월 8일이며, 신체는 신목(검북낭)이다. 당건조형태를 보
면 신목형, 석원형, 제단형, 마을길(路邊)에 있는 당이다. 당신의 기능
은 나는 날 생산을 차지하고, 죽는 날의 물고, 호적, 장적을 차지하는
본향신이다. 돌혹당은 마을에서 약간 떨어진 곳에 있다. 길옆에 시멘
트로 담을 쌓고 철재로 된 출입구를 만들었다. 신목인 푸조나무를 중
심으로 그 옆에 제단이 만들어져 있다. 시멘트로 만든 제단은 3군데로
나누어진다. 중앙 제단이 가장 높고 큰데, 중앙에 궤가 하나 있고 그
안에 지전물색 등이 들어 있다. 양쪽의 낮은 제단에는 양초 도막들이
흩어져 있다. 술병과 그릇 등은 돌담 위에 잘 정리되어 있다. 제일은
일 년에 세 번 음력 1월 8일, 6월 8일, 11월 8일에 다닌다. 죽은 사람이
있거나 몸이 비려서 이 날 못가는 사람은 18일에 다닌다고 한다. 당에
갈 때는 사발메 3개, 보시메 3개, 과일 3종류를 각각 3개씩 준비한다.
옥돔 3마리, 계란 3개 외에 술과 음료수도 가지고 간다. 예전에는 돌
레떡도 해 갔지만 요즘은 떡은 하지 않는다. 아기가 아플 때 '삼싱물'을
떠다 넋을 들여 주었다고도 한다. 일뤠당에 갈 때는 메, 생선, 과일, 계
란 등을 1개씩 따로 준비해서 갔다.

호근동 본향 돌혹 ᄋ드렛당

76. 서귀동 본향 ᄇ름웃도 · 지산국당

서귀동 본향 ᄇ름웃도 · 지산국당은 남녀 두 부부 신을 모시고 있는 당으로 당신은 너무나도 유명한 바람의 신, 언니의 남편이었던 ᄇ름웃도와 함께 사랑의 도피행각을 한 안개의 신 지산국이다. 당의 제일은 정월 초하루(신과세), 2월 13(영등제) 7월 13(마불림제), 12월 23일(동지)이며, 차리고 가는 제물은 돌레떡, 백시리, 방울떡, 생선, 과일, 감주를 올린다. 당신의 기능 생산, 물고, 호적, 장적을 관리하는 일이다. 당건 조형태는 당집형, 위패형, 제단형, 동산위에 있다.

이중섭박물관 뒤쪽 골목 '당올레'로 들어가면 골목 끝의 옛날의 '성스러운 숲' 언덕 위에 있다. 서귀포 본향당은 서귀포지정 향토기념물유산 제3호(2005. 3. 16)로 지정돼 있다. 당집에 들어가면, 제단 위에 "서귀본향대명신지위"란 적힌 위패를 모시고 있다. 그 앞에 향로, 촛대, 술잔, 과일 등을 차려 놓았다. 당 안에는 무신도 등이 걸려 있고, 위패 양쪽의 제단에는 신자카드가 놓여 있다. 당 입구에는 당의 유래를 적은 비가 세워져 있다.

서귀동 본향 ᄇᆞ름웃도 · 지산국당

77. 보목동 본향 조녹잇당

보목동 본향 조녹잇당은 '정술내' 조노궤에 있다. 보목교를 지나면, 하천 쪽으로 이어지는 작은 시멘트길이 나오는데, 그 길을 따라 조금 들어가서 시멘트 다리를 지나면 당이 나온다. 하천변에 조립식 건물로 지은 보조 당집이 있지만, 당은 그 뒤에 있는 동굴 안에 있다. 동굴 입구에 철문을 달아놓는데, 안으로 들어가면 사람이 설 수 있을 정도 높이에 넓은 공간이 나타난다. 동굴 안에 3단으로 된 제단을 만들었고, 맨 위쪽 제단 한쪽에 안쪽으로 이어지는 굴의 입구가 있다. 굴 안에는 타다 남은 양초와 그릇 등이 보인다. 제단 위에 향로와 촛대 등이 있고, 당의 입구에 있는 비닐봉지 안에 지전물색 등이 들어 있다. 이 당은 보목동 주민 대부분이 다니는 당으로 현재까지도 단골이 많다. 워낙 센 당이라 아무나 당을 매지 못하고, 하효동의 고태송 심방 집안에서 대대로 이어오고 있다. 당에 갈 때는 제물로 사발메 2그릇, 제숙 2개, 소주, 과일을 준비해서 두 곳에 차리고, 올레ㅋ시를 위해 메 1그릇, 사과 1개, 귤 3개를 따로 준비한다. 제가 끝나면 지를 싸서 바다에 던지고 온다. 신체는 신혈(궤), 신목(조밥낭)이며 당의 제일은 1월 13, 2월 12, 11월 14일이다. 당건조형태는 천변형(泉邊型)·암굴형(岩窟型)·신목형(神木型)·제단형(祭壇型)이다. 당에는 제물로 사발메 2, 보시기메 1기, 소지(燒紙) 3장, 풀찌거리를 해 간다. 집안에 아픈 아이가 있어 액막이를 할 경우는 쌀 두 양푼을 듬직하게 싸고 닭 한 마리 가지고 간다. 돼지고기는 15~20일 전부터 철저하게 금해야 한다. 돼지고기를 잘못 가져 다니다가 부정 타서 죽은 사람도 있다.

보목동 본향 조녹잇당

7장. 남원읍 당올레

남원읍 본향당의 성숲

탐라신화의 수수께끼 7

제주의 아름다운 당올레길은 가슴 깊이 남는다. 하례2리 본향당은 당으로 가는 당올레길이 아름다운 당이다. 어캐할망당은 하례2리 농업기술센터 200m 지점을 알리는 표지판과 버스정류장 사이에 있다. 밭 사이로 작은 길이 하나 보이는데, 이것이 당으로 들어가는 당올레. 당올레가 끝나는 곳에 돌담으로 둘러진 넓은 잡목 수림이 어캐 본향당의 성숲이다. 성숲 안에는 신목인 폭낭과 후박나무, 동백나무 등이 자라고 있다. '어캐할망'을 '장통할망'이라고도 부른다. 이 당은 아주 센 당으로, 특히 재판을 걸었을 때 어캐할망에게 와서 3번만 정성을 들이고 가면 재판에서 이긴다고 했다. "당 입구 맞은편으로 큰 바위가 있다. 이 바위를 속칭 '어캐'라 부른다. 어캐 할망당은 우마를 잘 기르게 해달라고 빌었던 당이었다. 어캐할망당 당올레 앞에 큰길이 생기면서 당올레가 반도 안 남아있어 아쉽다.

남원읍 서귀포 제1의 성숲

하례1리 예촌본향 걸시오름 매역밧 큰당은 서귀포(옛 남제주)지역에서 가장 신령하고 웅대한 신당으로 당이 있는 천변은 깊고 아름다운 성숲을 이루고 있다. 그리고 본향당으로 내려가는 길은 가파라 줄다리를 건너야 한다. 과연 서귀 제일의 신당 성숲을 이루고 있다.

매역밧 큰당은 하례2리로 가는 길가에 감귤선과장이 있고 그 옆에 '삼보사'라고 적혀 있는 시멘트 기둥이 있다. 그 옆으로 난 소로를 따라 올라가면 삼거리가 나오는데, 왼쪽으로 흰색 집이 있는 곳으로 들어간다. 길 끝에서 왼쪽 하천으로 내려가면 하천 바로 옆에 당이 있다. 거대한 자연 암반을 중심으로 당이 자리 잡고 있다. 큰당에는 하례리뿐 아니라 신례리에서도 다니며, 하례리에서 다른 곳으로 시집 간 사람들까지도 다니고 있다. 보통 큰당이라고 부른다. 신례·하례리 주민들이 다니는 걸시오름 매역밧 예촌본향당은 '하로영산 백관님' '강남천자국도원님' '칠오름 도병서님' 세 신위를 모시고 있다.

한남리 본향 망동산 당팟당

하례1리 걸시오름 매역밧 큰당

여신의 임신과 부정, 육식 금기의 파기(破棄)

서귀포시 예촌, 보목, 효돈, 토평 본향당(남원면 신·하례리 서귀리, 보목리, 신·상·하효리, 토평리)의 본풀이는 다음과 같다.

조노기한집(甫木里 堂神) ᄇ름웃도는 부인이 있는 토평리에 내려보니 존경내(돼지고기 냄새)가 심히 나서 "어째서 존경내가 심히 나는가?" "오줌누러 갔다가 돼지고길 하도 먹고 싶어 물명주 손에 감아 돼지 항문으로 넣어 간회를 꺼내 먹으니 존경내가 납니다." "더럽구나. 나와 함께 좌정하지 못한다. 너는 보목리에 갈 수 없으니 토평리 막동골에 좌정하여 사냥꾼에게 사냥감 네발 동물고기 얻어먹고 살라."하여 토평 막동골에 좌정하였다. 조노기한집님은 새금상따님아기를 소첩을 삼았는데 따님애기는 우김이 세고 투심이 세어 한 아름 가득 금책(冊), 한줌 가득 붓, 일천장의 벼루, 삼천장의 참먹, 상단골의 상별문서(上別文書) 중단골의 중별문서, 하단골의 하별문서, 낳는 날 생산을 받고, 죽는 날 물고를 달게 하고, 저승 이승 오가 일통(五家一統)을 차지하여, 아기를 나면 여래불법 삼승할망으로 키워주고 열다섯 십오 세가 넘어 결혼하게 되면 홍포사리(혼사함 보자기)도 돌봐주는 한집입니다. 조노기 ᄇ름웃도(甫木本鄕男神)는 산쇠털 흑전립(黑戰笠)에 운문대단(雲紋大緞) 안을 받쳐 입고, 화살을 쏘면 일만군사가 숙어 들어오고, 삼천군병이 나가는 ᄇ름웃도외다. (서귀읍 하효리 남무 강태옥 구송본을 약간 풀어씀)

(현용준, 『무속자료사전』, 628쪽 참조)

본풀이에 나타난 계보를 정리하면 다음과 같다.(진성기, 『남국의 무가』, 624쪽)

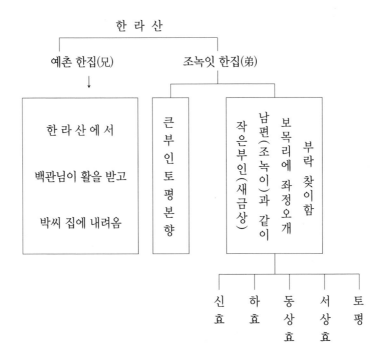

① 처신(妻神)이 아기를 포태(胞胎)하다.

② 무척 돼지고기를 먹고 싶었다.

③ 여신은 돼지 항문 속에 손을 집어넣어 간(肝)을 꺼내 먹었다.

　　또는 돼지 발자국에 고인 물을 빨아먹었다.

　　또는 돼지털을 그을려 냄새를 맡았다.

　　또는 돼지 턱뼈를 당에 올린다. 등등

돼지고기를 먹었다는 것은 참을 수 없는 욕망, 식욕, 생식욕, 성욕
등이 어떻게 극복되는가를 보여주는 '육식금기의 파기' 모티프[話素]다.

일렛당 본풀이에서 고기를 먹고 싶은 욕망은 여러 가지 형태로 나타난다. 임신은 생산 욕구의 발현이며 아이의 산육을 위해 단백질 공급의 욕구다. 또한 생산욕구와 단백질 공급이라는 단순한 식욕과 생산욕에 머물지 않고 몸속에 들어가 배설의 카타르시스를 이루어내는 생식의 욕구, 성욕으로 확대된다. 이와 같이 조노깃당 본풀이의 '육식금기' 화소는 생산과 생식욕구 때문에 육식금기를 파괴했다는 이야기를 통해 임신 후 아이의 발육을 위한 깨끗함(淨)-미식(米食)의 질서를 깨뜨리는 한시적 부정(不淨)과 육식의 선택으로 발전하고 있다. 이와 같은 화소가 신화 속에 다루어지고 있는 지역은 예촌, 보목, 효돈, 토평본향이다.

④ 남편신은 존경내가 난다고 바람 아래 좌정하라 한다.

깨끗한 신 'ᄇᆞ름웃도'는 하늬바람이 부는 바람 위쪽에 좌정한다. 그러나 임신했을 때 돼지고기가 먹고 싶어 육식금기를 깬 처신은 바람 아래쪽 마파람 부는 쪽에 좌정하는 신의 서열이 낮은 부정한 신이 된다.

⑤ 신들의 자리[坐定處]가 정해지고, 부부별좌의 당이 이루어진다.

남편신-바람 위에 좌정한 ᄇᆞ름웃도-산신백관(풍수신)-미식(米食)-정(淨)

처신-바람 아래 좌정 또는 추방-일뤠할망(산육신, 사냥신)-육식(肉食)-부정(不淨)

78. 수망리 본향 물우랏당(무랏당)

수망리 본향 물우랏당은 한라산계 산신 산신백관을 당집 안에 모시고 있는 독좌형의 신당이지만, 신당의 후원에는 또 다른 여신들 동의 본향을 모신 또 다른 공간이 있다. 일뤠할망의 공간이다. 수망리 중앙 사거리에서 서쪽 의귀천 다리를 지나서 북쪽 냇가를 따라 300m쯤 산길로 올라가다 보면, 왼쪽에 당집이 보인다. 길 가에 당집이 있고, 그 뒤로 돌아가면 낮게 돌담을 두른 당이 있다. 넓은잎 조록나무 아래에 작은 돌을 넓게 펴서 제단을 만들었다. 나무에 지전물색과 실이 걸려 있고, 돌담 위에도 지전물색이 걸쳐져 있다. 제단 주변에 소주병, 음료수병, 과자봉지, 양초, 그릇 등이 보인다. 주스, 사이다 등의 음료수병과 과자봉지가 많이 보인다. 참식나무, 생갈나무, 동백나무 등이 당의 주변에 자라고 있다. 당집은 시멘트로 지었는데, 문이 잠겨 있다. "수망리 본향당은 '물우랏당' 또는 '무랏당'이라 하며, 당신은 삼신선·삼백관이라 하며, 제일은 6월 7일, 11월 7일이다. 메는 2기 올리며, 당신은 마을 토주관으로 나는 날 생산 차지, 죽는 날 물고·호적·장적을 수호해 주는 신이다."

수망리 본향 물우랏당(무랏당)

79. 의귀리 본향 넉시오름 널당

의귀리 본향 넉시오름 널당은 마을에서 넉시오름 쪽으로 올라오다 보면 '티파니에서의 아침' 펜션이 나온다. 그곳을 지나 소로로 들어가다 보면 왼쪽에 감귤 과수원이 있고, 과수원 울타리 뒤쪽으로 폭낭, 누룩낭, 파람낭, 사당낭, 까끄래기낭, 아웨낭 등이 우거진 수림 속에 당이 있다. 넓게 돌담이 둘러져 있고, 돌을 쌓아 제단을 만들었다. 제단 양쪽에 폭낭이 한 그루씩 자라고 있는데, 지전물색이 걸려 있다. 제단 오른쪽 나무에 여자 한복 한 벌이 걸려 있다. 바닥에는 실, 향, 소주병, 음로수병, 양초 등이 흩어져 있고, 당 울타리 밖에는 액막이를 했던 닭이 버려져 있다. 이 당을 '도깨비당'이라고도 하는데, 이곳 '의귀(옷귀)도깨비'는 '토산뱀'을 가리킨다고 했다. 과거에는 신백근 하르방 심방과 홍창보 하르방 심방이 굿을 했다. 4·3 사건 전에는 의귀리 사람 전체가 다니는 큰당으로 각지로 시집간 사람들까지 다녔지만, 현재는 남원2리 사람들과 의귀 사람 일부가 다닌다. 집에서 밧칠성을 모시는 사람은 따로 제물을 차려온다(수망리 현씨 집안, 의귀리 경주 김씨 등). "의귀리 넉시오름 널당은 음력 2월 12일이 제일이며, 생산, 물고, 호적, 장적을 차지한 본향당이다. 당은 두 개의 폭낭을 중심에 두고 돌을 쌓아 제단을 만들고 있는데, 왼쪽 나무(男神木)에는 지전, 오른쪽 나무(女神木)에는 물색이 걸려 있다."

의귀리 본향 넉시오름 널당

80. 태흥2리 해신당

태흥2리 해신당은 태흥2리 포구 안쪽, 체육공원 동쪽에 위치한다. 원래는 포구 동쪽 길가에 있었는데, 도로공사를 하면서 현재의 위치로 옮겼다. 시멘트로 당집을 짓고, 바깥 쪽 벽에는 돌을 붙였다. 당집 안에는 시멘트로 2단의 제단을 만들고, 제단 맨 위쪽에는 따로 나무 판을 올려서 음식을 올리도록 했다. 나무판 위에는 귤, 사과, 메, 나물 등의 찌꺼기가 남아 있다. 제단 위의 벽에 줄을 매어 지전물색과 실을 걸어 놓았다. 당집 밖에 안내판을 세워서 당을 소개하고 있다. 그 내용은 다음과 같다. "태흥2리 해신당은 요왕, 선왕신을 모시고 초하루, 보름제를 지내는 어부, 해녀들의 당이다. 풍어와 해상안전을 보살펴주는 해신당이기 때문에 어부들은 초하룻날 당에 가서 제를 지내고 배에 와서 뱃고사를 지낸다." "태흥2리 해신당은 요왕·선왕신을 모시고 초하루·보름제를 지내는 어부, 해녀들의 당이다. 풍어와 해상 안전을 보호해 주는 해신당이기 때문에 어부들은 초하룻날 당에 가서 제를 지내고 와서 배에 와서 뱃고사를 지낸다. 제물은 돼지고기를 올리는 것이 특징이며, 메는 3기를 올린다."

태흥2리 해신당

81. 한남리 본향 망동산 당팟당

한남리 본향 망동산 당팟당은 본향신, 산신, 영등할망 등 남녀 다수의 신들을 모시고 있는 다신합좌형(多神合坐形)의 신당이다. 당은 돌담을 둘러쌓았고, 중앙에 제단이 있다. 큰 폭낭이 여러 그루 있는데, 이 폭낭을 중심으로 제단이 마련되어 있다. 제단은 네모난 벽돌을 쌓아 만들었는데, 서양식 무대처럼 뒤를 타원형으로 둘러서 벽을 쌓았다. 제단 위에 있는 작은 폭낭에 물색이 걸려 있는데, 빨간색과 파란색을 양면으로 붙여서 만든 네모난 천의 네 귀퉁이에 술을 단 것이다. 제단 한쪽에는 양초, 음료수병, 술병 등이 있다. 당 안에는 폭낭 외에도 생갈나무, 후박나무, 동백나무 등이 자라고 있다.

폭낭 두 그루가 보호수로 지정되어 있다.(고유번호: 13-4-2-3-16, 13-4-2-3-17) "한남리 본향당은 450여 년 전 마을 설촌부터 설치되었을 것으로 추정된다. 당 유래에는 한남리 최초 설촌자인 정승벼슬을 지낸 허씨 성을 가진 자와 부인, 첩의 이야기가 당과 관련되어 전해 내려오고 있다. 당제일은 음력 2월 12일이며, 제물로는 메5기를 준비한다. 이는 당신 몫으로 사발메1기, 보시메 1기를 올리며, 산신 몫으로 사발메 1기, 영등할망 몫으로 보시메 1기를 올린다. 이 밖에 제숙, 과일, 소주, 감주, 지전, 백지, 물색, 계란 등을 올리고, 돼지고기는 금한다."

한남리 본향 망동산 당팟당

82. 남원1리 본향 널당(돈짓당)

　남원1리 본향 널당은 남원1리 포구 한쪽에 있다. 돌담을 둥글게 두르고, 가운데 석궤를 모시고 있다. 궤 안에는 초를 피운 흔적, 종이를 태운 흔적, 귤껍질 등이 보인다. 궤 옆에 있는 보리수나무에 지전물색과 실이 걸려 있다. 당 안에는 빈 그릇, 초, 종이조각, 동전, 귤껍질, 소주병, 음료수병 등이 흩어져 있다. 도로공사로 인해 '널당'이 없어지면서 이곳 돈짓당을 마련했다고 한다. 해녀가 중심이 되어 2월 15일에 바당굿을 한다. "남원리에는 원래 마을 본향당인 '널당'이 있었다. 널당은 7~8년 전 쯤 도로공사로 인해 폐당되자 이를 대신하기 위해 돈짓당을 마련한 것이라고 한다. 이에 당신은 널당과 마찬가지로 '하로영산 백관또'로 마을의 생산, 물고, 호적, 장적 등을 차지한 토주관이다. 당 제일은 널당이었을 때는 2월 12일과 7월 13일이었으나, 지금은 어부나 선주, 해녀들이 생기 맞는 날을 택일하여 다닌다. 제물로는 메1기, 생선, 감주 등을 준비한다."

남원1리 본향 널당(돈짓당)

83. 신례1리 본향 예촌일뤳당

신례1리 본향 예촌일뤳당은 신례1리 마을복지회관 바로 앞에 당이 있다. 신례1리 종합복지회관(1층 새마을금고) 맞은편에 건물 사이로 난 작은 길이 보인다. 그곳으로 들어가면 올레가 당까지 이어져 있는데, 중간에 덤불들이 우거져서 막혀 있다. 길 아래의 감귤 과수원을 지나면 큰 나무들이 우거진 수림이 나타나는데, 그곳이 당이다. 당 안에는 느티나무, 생갈나무, 왕보리수나무, 동백나무 등이 우거져 있고, 오래된 폭낭 한 그루를 그 옆에 있는 왕보리수 덩굴이 자라서 지붕처럼 덮고 있다. 신목인 폭낭을 중심으로 왼쪽으로 약간 떨어진 곳에 낮은 자연 암반이 길게 놓여 있는데, 그곳을 제단으로 이용한다. 암반 위에는 지전물색, 명실이 놓여 있고, 그 앞에 돌레떡, 귤, 배, 사과, 밤 등이 많이 널려 있다. 제단 뒤로 소주병과 음료수병이 쌓여 있다. "신례1리 '예촌 일뤳당'의 당신은 '서당한집 일뤳또'라 한다. 이 당의 당신은 일뤳할 망으로 산육 · 치병신이며, 제일은 매달 7 · 17 · 27일이다. 당에 갈 때는 메2기, 귤 등을 가지고 간다."

신례1리 본향 예촌일뤠당

84. 하례1리 예촌본향 걸시오름 매역밧 큰당

하례1리 예촌본향 걸시오름 매역밧 큰당은 하례2리에서 하례1리 방향으로 가는 길에 보면 오른쪽 길가에 예뜰이라는 펜션이 있고(남원읍 하례로 379) 그 옆으로 난 소로를 따라 올라가면 삼거리가 나오는데, 왼쪽으로 흰색 집이 있는 곳으로 들어간다. 길 끝에서 왼쪽 하천으로 내려가면 하천 바로 옆에 당이 있다. 당의 입구에 고목이 쓰러져 있다. 예전에는 이 나무에 액막이용 닭을 올렸는데, 지금은 제단 옆의 큰 돌 위에 올린다고 했다. 거대한 자연 암반을 중심으로 당이 자리 잡고 있다. 돌을 쌓아 제단을 만들고, 제단 옆의 나무에 지전물색을 걸기 위해 끈을 매어 두었다. 당 입구 쪽에 있는 당유자나무에 물색 약간이 남아 있다. 바위 아래의 작은 혈과 당 주변 여러 곳에 지전물색을 태운 흔적들이 보인다. 당 안에는 동백나무, 꽝꽝나무, 구실잣밤나무가 자라고 있다. 제일날을 3일 정성을 들인다. 하례리 뿐 아니라 신례리에서도 다니며, 하례리에서 다른 곳으로 시집 간 사람들까지도 다니고 있다. 보통 큰당이라고 부른다. 박기식 심방이 죽고 난 뒤, 현재는 토평에 사는 이인옥 심방이 당을 매고 있다. "신례·하례리 주민들이 다니는 걸시오름 매역밧 예촌본향당은 '하로영산 백관님' '강남천자국도원님' '칠오름 도병서님' 세 신위를 모시고 있다. 이 당에 다니는 제일은 1월 8일, 2월 8일, 3월 13일이다. 이 당에 갈 때는 메3기를 가지고 간다. 당의 규모로 봐서 제주 지역에서 가장 큰 당 중의 하나로 꼽을 수 있겠다. 이 당의 당신은 생산, 물고, 호적, 장적을 차지한 본향당신으로 하례리, 신례리 주민들의 토주관이다."

하례1리 예촌본향 걸시오름 매역밧 큰당

85. 하례2리 본향 어캐할망당

하례2리 본향 어캐할망당은 하례1리 교차로 북서쪽 밭사이로 작은 길이 하나 보이는데, 이것이 당으로 들어가는 올레이다. 올레가 끝나는 곳에 돌담으로 둘러진 넓은 잡목 수림이 나온다. 수림 안에는 신목인 폭낭과 후박나무, 동백나무 등이 자라고 있다. 신목을 중심으로 동그랗게 돌을 쌓아 제단을 만들고, 그 위에 뚜껑 없이 석궤를 만들어서 모시고 있다. 궤 안에는 메, 귤 등의 음식이 가득 들어 있고, 주위에는 초, 음료수 병 등이 흩어져 있다. 고목 위에 지전물색이 올려져 있다. '어캐할망'을 '장통할망'이라고도 부른다. 이 당은 아주 센 당으로, 특히 재판을 걸었을 때 어캐할망에게 와서 3번만 정성을 들이고 가면 재판에서 이긴다고 했다. "당 입구 맞은편으로 큰 바위가 있다. 이 바위를 속칭 '어캐'라 부른다. 어캐는 직사 일대를 약 400m 정도 병풍처럼 늘어서 있는 절벽이다. 하천까지 왕석들이 늘어서 있어 이곳에 말을 가둬 기르기가 용이했다고 한다. 당 제일은 따로 정해져 있지 않다. 각자가 생기 맞는 날을 택일하여 가며, 당에 갈 때에는 메2기를 준비한다. 또한 집안에 제사가 있으면 제를 지낸 후 새벽에 사람들이 마주치기 전에 당에 가서 고기, 밥 등으로 인정을 건다고 한다. 본래 어캐 할망당은 우마를 잘 기르게 해달라고 빌었던 당이나 요즘은 집안의 대소사나 각자가 비념할 일이 있으면 당을 찾는다고 한다."

하례2리 본향 어캐할망당

8장. 표선면 당올레

성읍1리 본향당 관청할망당(안할망당)의 성숲

성읍현청 일관헌 좌측에 본향당을 애워싸고 있는 성숲은 정의현의 대표적인 성지다. 관청할망당(안할망당)은 정의고을의 대표적인 무속신앙의 기도처로 고을의 관청 안에 있다하여 '관청할망(안할망)'으로 불린다.

성읍1리 본향 안할망당

성읍1리 문호당

바람의 여신 당케 세명주할망

당케 할망은 아들은 일곱 형제다. 당케 할망은 표선리 저바당 한집과 부부였는데 옛날 옛적 하로영산에서 솟아났다는 귀신이 아닌 생인으로 한 가달은 성산면에 걸치고, 한 가달은 한라산 꼭대기에 걸쳐놓고 빨래를 하는데 명주 아흔 아홉 통을 베어서 속옷을 만들었는데 강알(사타구니)을 가릴 한 통이 모자라 물명주 한 통을 당해주면 부산과 목포로 다리를 놓아준다 했다. 그 땐 인간세상에 명주가 얼마나 있었을까. 우리 인간엔 그 때 명주가 별로 없었으니 우린 죽으면 죽었지 명주는 한필도 내줄 수 없다 하니, 할망은 다리를 놓는 걸 포기해버려서 부산과 목포사이의 다리를 놓아주지 않아 제주는 물막은 섬이 되어버렸다. 그 때는 천지개벽기였다.

아들이 일곱 형제였는데 여섯 형제는 하로영산 오백 장군 오백 선생 거느리고, 아들 하나는 할망이 그 때 시절에 가마솥에 물을 앉혀 죽을 쑤라고 하고 가서 보니 작은 아들이 죽을 쑤다가 죽 솥에 빠져 죽어버렸다. 여기 표선리 한모살도 세명주할망이 날라다 쌓았다. 아들을 보내고 뒷날 아침은 좌정처를 찾아 산 터 보듯 돌아보니 이곳(당케)이 앉을만하니 좌정하여, 나고 드는 상선 중선 만민자손 천석궁 만석궁 공자 맹자 다 거느리고, 좀녀들을 거부자가 되게 하는 할마님. 옛날 조선시대에 왜구 다라국서가 와서 당터에 와 좌정하니, 낮에는 찬 바람, 밤엔 찬 이슬 맞으니 다라국서하고 강씨 하르방 하고 큰 도당을 해서 덮었다. 덮으니 이젠 나주 목사가 와서 "이건 뭣하는 당이냐?" 하니 이 마을 고씨 하르방이 "영급좋고 수덕 좋은 세명주 할망 당입니다"허니, "세명주 할망이 뭣이냐?" 그 때 큰배가 포구에 정박했다가 짐을 가득 싣고 수평선에 떠가고 있었는데, "수덕좋다면 저 배가 저리 갔으니, 한 번 영급을 보여보아라."하니, 지금은 그 하르방이 죽었는데. 그 하르방이 "할마님 영급을 뵈웁서"하니, 샛바람이 터지니 그 배가 자르르 들어오니, 나주 목산 그냥 돌아갔다고 한다.

86. 성읍1리 본향 안할망당

성읍1리 본향 안할망당은 마을의 중심부 현청 옆에 있다. 안할망 당은 정의현감이 정사를 보던 일관헌 건물 좌측에 당집 형태로 되어 있다. 1971년 성읍리사무소를 신축하면서 정면에 인접되자 현 위치로 이설, 두 평 가량의 나지막한 스레이트 건물 안에 시멘트 제단을 축조, 감실을 만들어 '현해수호신지위(縣海守護神之位)'란 위패를 봉안 주민들 의 안녕과 신수를 기원하는 곳으로 이용해 왔다. 위패 밑에는 붉은 방석 위에 비녀가 한 개 놓여 있다. 1996년 건물을 보수하면서 고증을 거쳐 제단 위에 감실을 마련 기왓장·비녀·옥구슬 등을 봉안하게 되 었다." 돌담을 둘러 울타리를 두르고 돌을 쌓아 당집을 만들어 지붕에 는 기와를 얹었다. 당집의 오른쪽으로 돌아가면 "안할망神位"라고 새 겨진 돌로 만든 위패가 한쪽 벽에 세워져 있다. 당집 안으로 들어가면 정면에 시멘트 제단을 만들고, 가운데에 나무로 만든 감실을 만들어서 모셨다. 감실 안에는 비녀와 옥구슬이 담겨 있고, 기왓장은 감실의 양 쪽에 하나씩 놓여 있다. 그 앞에 향로와 촛대가 놓여 있다. 제단 양쪽 에 신의를 만들어서 걸어 놓았다. 당에 쓰는 제물은 메 4그릇(사발메 1, 보시메 3), 계란 3개를 올린다. 당신의 기능은 입학, 취직, 승급, 경기에 영향이 있다.

성읍1리 본향 안할망당

87. 표선리 당케 세명주할망당

표선리 당케 세명주할망당은 표선리 당케 포구에 있는 성산해양경찰서 표선파출소와 수협 위판장 사이에 있다. 입구에 안내 표지판이 있다. 네모나게 돌담을 두르고, 그 안에 기와지붕을 얹은 당집이 있다. 당집 안에는 벽의 한쪽을 안으로 들어가게 만들어서 2단의 제단을 만들었다. 위쪽에는 흰 종이를 깨끗하게 깔고 그 위에 나무로 된 위패를 모셔놓았으며, 위패 위에 지전물색과 실 등이 올려져 있다. 위패 앞쪽에 촛대, 향로, 술잔이 있고, 주변에 사탕, 실 뭉치 등이 있다. 아래쪽 제단에는 양초와 향을 가지런하게 정리해 두었다. 당집 밖에 술병과 지전조각들이 흩어져 있으며, 기와지붕 위에 음식찌꺼기가 있다. "표선리 '당케 해신당'의 당신은 하로영산에서 솟아난 풍신 '세명주할망'이며, 제일은 초하루 · 보름, 돼지머리를 올리는 어부, 좀수를 수호하고 해상안전을 지켜주는 여신이다."

당의 건조형태는 해변형 · 당우형 · 위패형 · 석원형이며 당의 특징은 하로영산서 솟아난다 세명주할망으로 설문대할망 신화의 변형 신화이다.

표선리 당케 세명주할망당

88. 가시리 본향 구석물당

가시리 본향 구석물당은 가시리 마을회관에서 하천리 쪽으로 가다
보면 가시2교가 나온다. 다리를 지나 아스팔트 길로 조금 더 가면 오
른쪽에 하천 쪽으로 내려가는 시멘트 길이 있는데, 그 길 끝에 약간 높
은 언덕이 있고 그 안에 당이 있다. 당 안에는 동백나무, 폭낭, 보리수
나무 등이 자라고 있다. 당의 둘레에는 돌담이 둘러져 있고, 돌담 안으
로 꽤 넓은 공간이 있다. 당 한쪽에 자연석으로 만든 제단이 있는데,
그 뒤쪽 나무에 줄을 매어 놓았는데 제를 지낼 때 지전물색을 걸었던
것으로 보인다. 제단 주변에 양초와 술병, 음료수병 등이 흩어져 있다.
마을 주민에 의하면, 음력 정월 그믐(29일)에 신과세제를 지내고, 매월
초 ᄋ드레에도 굿이 있었으나 정기적으로 행해지고 있지 않다고 했다.
"가시리 본향당 구석물당의 당신은 '구석물 열뇌화주 삼천백매또'다.
당의 제일은 정월 그믐, 6월 7·8일, 11월 7·8일 이고, 당에 갈 때는
메, 백지, 물색, 실 등을 가지고 간다. 당은 우측에 제단과 돌담이 마련
되어 본향당신을 모시고, 우측 바깥 신목에 지전물색이 걸려 일뤠당신
을 모시고 있는 동당이좌형(同堂異坐形)의 당으로 남신은 송당 당신계의
산신이고 밖에 모신 여신은 토산에서 가지 갈라다 모신 토산계의 일뤠
할망인 듯하다." 표선리 당신에게는 아들이 셋 있었는데, 첫째 아들은
하천리 당신, 둘째 아들은 세화1리 당신, 셋째 아들은 토산리 당신이
되었다."

가시리 본향 구석물당

89. 세화1리 본향 서화리한집당

세화1리 본향 서화리한집당은 당신ㅁ루 부근 '송장이터'에 있다. 돌담을 높게 쌓고, 철제 대문을 달았다. 당 안에는 생달나무와 동백나무 등이 자라고 있다. 자연석과 시멘트를 이용해서 당집을 짓고 슬레이트로 지붕을 얹었다. 당집 안으로 들어가면 정면에 2단으로 된 제단이 있고, 그 가운데 나무로 만든 위패함이 있다. 위패함 안에는 2개의 위패가 있으며, 위패함 뒤로 줄을 매어 남녀 한복 여러 벌을 걸어 놓았다. 제단 위에는 향로, 촛대, 술병 등이 놓여 있다. 제단 양쪽으로 따로 줄을 매 지전물색을 걸어놓았다. 최근에 당을 정비해서 깨끗하게 정리가 잘 되어 있었다. 당집 밖에는 소주병이 쌓여 있고, 한쪽에 소각로도 만들어 놓았다. 세화리 서화리 한집당의 당신은 '본향한집' 또는 '상오ㅂ름웃도'라 한다. 당의 제일은 초하루, 보름이며 돼지고기를 일체 가지고 다니지 않는다. 대신에 계란이나 닭을 올리며, 이 당의 당신은 마을 토주관으로 신의 기능은 생산, 물고, 호적, 장적을 차지하고 있다." 당의 유래는 다음과 같다. 맨 처음 '당신ㅁ루'에 당이 있었다. 현우하 씨 선조 때 일이다. 하루는 산전으로 가는데 당신ㅁ루에 백발 노인이 있었다. 현씨 선조가 물었다. "어떻게 해서 여기에 앉아 게십니까?"하자 그 노인은 "나는 이 고을을 지키기 위해서 왔다."고 하였다. "음식은 뭘 잡수십니까?"하고 묻자, "나는 계란이나 닭이 아니면 안 먹는다."고 했다.

세화1리 본향 서화리한집당

90. 세화2리 생걸포구 남당

세화2리 생걸포구 남당은 세화2리 해안도로 변에 있는 해녀의 집 식당의 맞은편에 있는 시멘트 건물이 당이다. 그 앞에 서귀포시 표선면 세화2리 어부회에서 세운 표지판이 있다. 돌담을 두르고 그 안쪽에 시멘트로 네모반듯하게 당집을 지었다. 당집 안에는 2단의 제단이 있고, 그 가운데 석궤가 모셔져 있다. 석궤 안에는 지전물색이 들어 있고, 앞쪽으로 향로, 양초, 음료수병 등이 놓여 있다. 석궤 양쪽으로는 나무로 만든 작은 궤들이 여러 개 있다. 당의 유래에 대해서는 표지판에 잘 기록되어 있었는데, 그 내용은 다음과 같다. "약 200여 년 전 가마(생거리)포구에 어선들의 출입에 편의를 주기위하여 점포를 마련한 것이 시초가 되어, 현재의 세화2리(가마리)마을이 형성되었으며, 생거리 남당이 생겨난 유래를 보면 150여 년 전 안씨, 홍씨, 김씨 하르방이 고기를 잡으러 갔는데, 낚시를 하던 중 낚시 바늘에 먹돌이 올라와 처음에는 무의미하게 버렸는데, 세 번씩이나 같은 먹돌이 바늘에 걸려 올라와 세 하르방은 이를 이상히 여겨 포구 내로 먹돌을 가져와 며칠을 고민하다가 신성하게 모셔야겠다는 생각에 굼부리(마을 뒷산)에 가서 좋은 돌을 골라 집 형상의 상판이 되는 돌을 정성껏 다듬어 먹돌을 상판 안에 모시고 가마포구(생거리) 주변 공터에 모시게 되었다고 한다. 이것이 시초가 되어 어부들의 연중 무사안녕을 비는 남당으로 현재까지 존재하고 있다."

세화2리 생걸포구 남당

91. 토산리 웃당 본향 웃토산 한집당

토산1리 웃당 본향 웃토산 한집당은 마을 입구 서쪽으로 약간 떨어진 감귤과수원 사이에 있다. 시멘트로 된 내리막길을 내려가면 당집이 나타난다. 당집 안으로 들어가면 한쪽에 제단을 만들고, 그 위에 작은 나무 상자 하나가 놓여 있다. 상자의 위쪽에는 고운 물색이 쌓여 있고, 아래쪽에는 신칼, 요령, 술잔, 촛대 등이 놓여 있다. 제단 위에는 술병과 음료수병, 향로 외에도 마른 명태 한 마리가 올려져 있다. 제단 옆에는 줄을 매 여자 한복 여러 벌과 지전물색을 걸었다. 당집 뒤쪽에 신목인 생달나무가 있고, 한쪽에 술병들이 쌓여 있다. "토산1리 '웃당 일뤠당'의 당신을 '웃토산 일뤠한집'이라 한다. 마라도에 귀양 정배 된 한라산신의 딸과 귀양을 풀려 주고 함께 사이좋게 돌아온 첩신은 모두 '일뤠한집'으로 산육치병신이다. 토산당굿에서는 이 신을 놀리는 〈아기놀림굿〉을 한다. 토산1리 주민들이 다니는 본향당으로 강씨 상단궐, 오씨 중단궐, 한씨 하단궐이다."

웃토산 일뤠한집 신체는 신목이고 당의 건조형태눈 당우형·지전물색형·전답형이다. 제일은 6월 11월 7, 17, 27일, 제물은 메 3기 올리며, 신의 기능은 아기 피부병을 고치고 아이의 산육을 관장하는 당이다.

토산1리 웃당 본향 웃토산 한집당

92. 하천리 본향 고칫당

하천리 본향 고칫당은 천미천 하류에 위치하고 있다. 신천리 고칫당에서 내를 지나 하천리 지경에 있다. 현재 해신사에서 기존 당집을 정비하였다. 당집 안으로 들어가면 정면에 시멘트로 제단을 만들고 샛시로 문을 달았는데, 그 속에 돌로 만들어진 위패를 모시고 있다. 위패에는 "妣神主之位"라고 새겨져 있고, 그 위에 물색과 실이 올려져 있다. 위패 바로 앞에 시멘트에 구멍을 파서 만든 궤가 하나 있다. 궤 안에는 메와 생선, 과일 조각들이 담겨 있다. 그 주위에 물그릇, 음료수병, 향로, 지전 등이 보인다. 또 다른 비석 둘에는 재일 희사자 명단들이 적혀 있다. 기존의 기록에서 고칫당과 해신당이 바뀌어서 기록된 것이 많은데, 마을 주민에 의하면 당집형의 이곳이 고칫당이라고 한다. "하천리 고칫당은 신천리 고칫당과 분당한 당으로 당신은 용녀부인이다. 초하루 보름 제를 지내며, 돼지고기를 올린다. 하천리 어부 해녀들이 다닌다."

신체는 신위이며 당의 건조형태는 해변형 · 석원형 · 제단형이며 당의 특징은 신천리 고칫당과 분당해 온 당이다.

하천리 본향 고첫당

9장. 성산읍 당올레

성산읍 본향당의 성숲

탐라신화의 수수께끼 9

삼을나(三乙那)본풀이의 여러 가지 함의

제주의 큰굿 신을 부르는 청신 굿 초감제에서, "날과 국 섬김의 '국베포', 탐라국의 도읍의 날은 AD 65년 영평 8년 3월 13일이다."

① 삼을나의 출생

자시에는 '숭고(高)'한 왕, 축시에는 '선량(良)'한 왕, 축시에는 '밝으신(夫)' 왕, 성스러운 세분의 왕(聖王)이 '셋이 하나로 모인 굴(毛興穴)' '품(品)자형 동굴'에서 태어나 나라를 열었다는 것은 다시 말하면 고·량·부는 성씨가 아니라 왕다운 품격을 갖춘 '을나(王)'들이 차례로 하늘에서 내려왔다는 생천(生天) 이야기가 "땅에서 솟아났다."(從地涌出)로 바뀌고 하늘의 신들은 땅의 신이면서 인간의 왕인 신인(神人), 땅을

다스릴 왕들이 모인굴에서 첫째를 고을나[高 높은 왕], 둘째를 양을나[良
어진 왕], 셋째를 부을나[夫 밝은 왕]가 태어났다 했으니, 원래 '을나(乙那)'
는 '새로 난 왕' '어린이'란 뜻이다.

② 혼인지에서의 삼을나와 세공주의 혼례식

〈삼을나 본풀이〉의 혼인 이야기는 미개한 원주민이 농경문화와 송
아지 망아지를 가지고 다른 문명국에서 온 세공주를 만나 문명한 탐라
국을 건국한다는 왕조사의 족보나 20세기 서양의 진화론이나 전파론
학자들의 이론을 보는 것 같아 거북하다. 신화는 잃어버린 역사이야
기다. 일제 강점기 식민지 학자들은 우리의 고대사를 유린하고 지금도
단군신화를 곰과 인간이 결혼한 신화로 이야기한다. 환인 천제의 아들
"환웅은 곰 토템 부족의 여자와 결혼하여 단군왕검을 낳았다."고 해야
인간의 잃어버린 역사를 신화로나마 다시 찾을 수 있을 것이다.

혼인지에 전하는 삼성신화는 삼신인(三神人)이 산에서 내려와 온평
리 바닷가 화성개에 도착한 옥함을 여니, 그 속에는 푸른 옷을 입은 처
녀 3인이 있어 나이는 15~6세쯤 돼 보였는데, 얼굴과 태도가 범속하
지 않았고, 기품은 그윽하고 얌전한데, 각자 화장을 하고 나란히 앉아
있었고 거기에는 송아지, 망아지, 오곡의 종자도 있었다. 삼신인은 곧
깨끗한 희생을 바쳐 하늘에 제사지내고, 나이 차례대로 나누어 장가를
들어 '흰죽'이라는 굴에서 살았다. 이 동굴 옆에는 못이 있다. 사람들은
고·양·부 삼신인이 결혼을 하여 살았던 동굴에 있는 연못이라 하여
'혼인지'라 불렀다.

③ 사시복지(射矢卜地) 삼도분치(三徒分治)의 의미

〈삼(三) 을나 본풀이〉에서 활을 쏘아 1내(徒), 2내(徒), 3내(徒)로 땅을 가르고, 세(3) 마을을 1읍(邑)으로 하고, 다시 3읍(1목2현)을 1국으로 완성된 나라가 탐라국이다. 삼성신화에 의하면, "결혼을 하여 동굴에서 살던 고·양·부 '삼 을나'와 '삼 공주'가 나라를 세우기 위하여 활을 쏘아 화살이 가는 방향의 땅을 나누어 가졌다. 고량부 삼성이 활을 쏘았던 곳을 '활쏜디왓'이라 한다. '삼사석'이 그곳이다. 활을 쏘아 고을나가 좌정처로 정한 곳을 1내(마을 一徒里), 양을나가 정한 곳을 2내(二徒里), 부을나가 정한 곳을 3내(三徒里)라 하였다. 그로부터 살림을 차려 오곡의 씨를 뿌리고 농사를 지었으며, 가축을 기르니 날로 풍요를 얻어 마침내 인간 세상 '탐라국'을 이루었다.

④ 옛 기록 환단고기

탐라는 고조선의 삼한(진한·변한·마한)의 옛 땅처럼 삼도(三徒)로 나누었고, 탐라를 우리 한민족이 옛 땅 고조선의 삼한(三韓)의 분치를 탐라국에 대입하여 1국을 삼읍(1목2현)으로 나누고, 1읍은 고량부 삼성의 분치, 크게는 1목 2현, 정의현, 대정현, 제주목으로 나누어 다스렸으며, 작게는 고량부 삼성분치, 1내(마을 一徒里) 2내(二徒里) 3내(三徒里)로 나누어 다스렸던 흔적이다.

"화살을 쏘아 땅을 가른다."(射矢卜地)

탐라인은 동이족이라는 의미가 함의하고 있다. '동이(東夷)'는 '큰활 잘 쏘는 사람들이 사는 해 뜨는 동방의 나라'를 뜻한다. 그렇다면, 기질로 보나 유전하는 '활을 쏘아 땅을 나누는 풍속'으로 보나, 큰굿의 신을 부르는 초감제에서 마을의 본향당신이 제장에 들어오는 〈본향듦〉에서 "본향당신이 큰활을 쏘며 굿청에 들어오는 모습"을 보아도 원래 탐라인은 동이의 후손이며 고조선의 후손들이 살면서 영평 8년 AD 65년에 탐라국이 되었다 생각할 수 있다.

⑤ 사슴 토템과 삼을나

〈삼 을나 본풀이〉는 일천 마리의 사슴을 희생으로 올려 하던 하늘굿, 사슴을 조상으로 생각하는 토템의식까지 생각할 수 있는 본풀이, 삼도분치의 의식이 행해졌던 '살쏜디왓'의 삼 을나의 땅 가르는 싸움, 평화를 사랑하는 탐라인의 싸움과 풍요의 수, 일천 마리의 대각록, 일천 마리의 소각록을 희생으로 잡고, 하늘에 제사하던 삼신인의 혼례식, 땅 가르고, 물 가르는 평화의 싸움, 땅 가르고 물 가르고 마을을 가르는 하늘굿이며, 탐라국의 나라굿을 그려볼 수 있는 것이었다.

수산 울뢰ㅁ루 하로산당 바람의 신을 모신 성숲

수산 울뢰ㅁ루 하로산은 한라산 서남어깨에서 솟아난 하로산또 가운데 첫째 바람의 신 ㅂ름웃도다. 한라산신 중에는 한라산을 떠돌아다니며 사냥을 하던 사냥꾼(사농바치)[狩獵神]이 아닌 신들, 한라산에서 솟아났으나 좌정할 곳을 찾아 천기를 보고 나침반을 보며, 산과 물의 혈(穴)을 밟아 내려오는 풍수신(風水神)계의 하로산또와 바람의 신 'ㅂ름웃도'가 있다.

한라산 서남어깨 '소못뒏밧'에서 산신 9형제가 솟아났는데 당제일은 팔월 대보름 마불림제, 정월 초하루 신과세제를 한다. 9형제 중 장남

수산리 본향 울뢰ᄆ루하로산당

신천리 본향안카름 현씨일월당

은 성산읍 수산리 울뤠ᄆ루하로산이란 바람의 신이다. 본향당에는 제장의 중심에 커튼이 쳐져 있으며 커튼을 걷으면 벽의 한쪽을 안쪽으로 약간 들어가도록 만들어서 제단을 만들었다. 울뤠ᄆ루당에는 남녀신상을 옛날에는 목인형으로 지금은 인형처럼 옷입은 남녀신을 모셨다. 울뢰ᄆ루 하로산당은 수산1리, 수산2리(고잡), 고성리, 오조리, 동남리, 성산리 여섯 마을이 모두 본향으로 모시고 있는 통합형 신당이다.

신천리 현씨일월당 본풀이

성산읍 신천리 처녀당의 당신은 '현씨일월'이라 한다. 당신의 아버지는 현씨고 어머니는 고씨다. 현씨일월은 무남독녀로 태어났으나 태어나면서부터 몸이 약했다. 세 살 되던 해부터 죽었다 살았다 몸이 이울더니 일곱 살이 되니 다시 태어난듯 부활하였다. 열다섯 살에 큰심방이 될 온갖 증조가 나타났다. 최초의 심방선생 유씨부인이 77세에 처음으로 무당서 3000권을 읽고 심방이 되어 그 명성을 천하에 알렸던 것 처럼 말이다. 굿을 하려니 현씨일월에겐 무구도 없고 무복도 없었다. 현씨일월은 앉아서 신세를 한탄하며 비새같이 울고 있었다. 오라버니가 물었다. "설운 누이야 왜 슬피 우느냐?" "단골집에서 굿을 해 달라는데 나에겐 무구도 없고 무복도 없어서 웁니다."

"내 누이야 내일은 각종 진상품을 싣고 서울로 가는데 진상 갔다 오는 길에 악기와 무구, 무복을 사다주마."

오라비가 떠날 때, 하천리 본향당 고챗당 포구에서 배를 띄웠다. 배가 제주 바다를 떠나는데 갑자기 평안바다에 모진 광풍이 몰아쳐왔고 현씨일월 애기씨의 눈에 오빠가 타고가는 배가 사라졌다. 현씨일원을 연대에 올라 멀리 수평선을 바라보았다. 연대(煙臺) 위에 앉아 수평선을 바라보다가 현씨일월은 외쳤다. "아 불쌍하고 가련하신 오라버니는 간간무종이 되었구나. 오빠의 행방은 묘연하고, 부모님도 안 계신 세상에 나만 살아 뭣을 하리. "하여 연대 아래 떨어져 목을 꺾어 죽었다. 현씨일월이 죽은 뒤 심방이 굿을 하는데 현씨 일월의 혼령이 들려 억울하고 칭원함을 신원하였다. 그로부터 기미년 육섯달 열나흘 날 김씨 선생 불러 당을 매게하고, 안카름 연대 아래 신남밑에 당을 설립하여 현씨일월을 마을 본향으로 모시게 되었다. .

온평리 진동산 명오부인당 본풀이

당의 유래는 다음과 같다. "서귀포시 일대에서 고씨댁이 일등부자였다. 그런데 고씨댁이 서울에 가서 과거를 하는데 3번을 낙방했다. 문점을 하니 신산본향을 찾아보라는 점괘가 나왔다. 신산본향을 찾아가서 잘 차리고 난 후에 과거에 합격하였다. 이 조상을 무시할 수 없다 하여 온평리로 가지 갈라 와서 모셨다." 당신의 유래는 "명나라 명철연 딸 삼형제가 제주도에 들어왔다. 큰성은 조천에 좌정하고 셋형은 김녕에 막내는 신산 범성굴왓에 좌정하였다." "문씨가 묵은 열운이에 살고 있었는데, 물을 온평리 혼인지에서 길어다 먹었다. 애기를 낳았는데 7살이 될 때까지 똥오줌을 치워야 했다. 하루는 어머니가 혼인지에 물

길러 간 사이에 아이가 사라졌다. 걷지도 못하는 아이가 '황로알(바닷가 지명)' 바닷물에 빠져서 물 아래 두일뤠 14일을 살았다. 물에서 나올 적에 좋은 의복을 입고 한손에는 유리잔과 유리대를 한손에는 무쇠갓과 무쇠바랑을 가지고 만곡 사시월 '달뜨기 반딜물'에 개얌 용머리로 올라왔다. 올라와서 멩오부인 있는 곳에 와서 신하가 되었다." 문씨영감이 바다에서 가지고 나왔다고 하는 무쇠갓과 바랑이 현재도 전하고 있다.

93. 오조리 본향 족지할망당

오조리 본향 족지당은 원래 당이 있던 밭을 다른 지역 사람이 사면
서 당을 이곳으로 옮겨왔다(2004년). 오조리 마을 안쪽을 통과해 포구
로 들어오면 시멘트로 길을 잘 닦아 놓았는데, 그 길의 끝 쪽에 당집이
보인다. 당집은 시멘트 건물로 되어 있고 슬레이트로 지붕을 얹었다.
당집 뒤에는 보리수나무와 폭낭이 있다. 당집 안으로 들어오면 지전,
물색, 흰 기저귀 천이 길게 늘여져 있으며, 바닥에는 계란껍데기, 귤
껍질, 사과, 생선, 과자, 향, 초 등과 쌀, 종이조각 등이 어지럽게 널려
있다. 당 밖에는 소주병들이 쌓여 있다. "이 당은 아이들 '서먹는 당'으
로 이 당을 잘 모시면 족재 앞바다에서 물에 빠져 죽는 아이가 없었다.
이것은 족지할망의 영험이라 한다. 이 당은 제일이 없고, 아무 때나
간다. 그러나 진궈니물당에 다니는 사람이 당이 멀어서 대신 족재에
갈 때는 매달 일뤠날만 다닌다. 아이가 아팠을 때는 삼싱할망을 데리
고 가서 소규모의 비념을 한다. 또 허물이나 부스럼이 난 아이를 당에
데리고 가서 헝겊으로 허물을 닦고 그 천을 당에 걸쳐두면 허물이 기
가 막히게 잘 낫는다고 한다. 이 당은 마을의 중앙에 있어 신앙하는 당
이 멀어서 못갈 경우, 누구나 대신 이 당에 다닌다. 오조리의 본향당은
수산리 울뤠ᄆ루당이다."

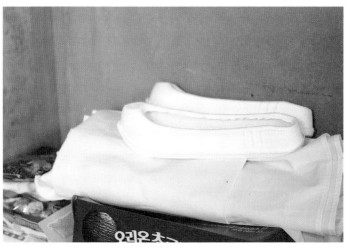

오조리 본향 족지할망당

94. 수산리 본향 울뢰ᄆ루하로산당

수산리 본향 울뢰ᄆ루하로산당은 2005년 4월 6일에 제주특별자치도 민속자료 9-4로 지정되었다. 수산 본향당은 울뤠ᄆ루 하로산당이라고도 하며, 수산리 주민들의 생산, 물고, 호적, 장적을 관장한다. 제일은 1월 2일(과세), 1월 15일(영등제), 2월 13일(영등송별제), 7월 8일(마불림제), 11월 14일(시만국대제일)이다. 이 당에 뿌리를 두고 당들이 시흥리, 신양리 등 인근 마을에까지 생겨났다. 2005년에 제주도 민속자료로 지정되었다. 당집 안으로 들어가면 정면에 커튼이 쳐진 것이 보인다. 커튼을 걷으면 벽의 한쪽을 안쪽으로 약간 들어가도록 만들어서 제단을 만들었다. 시멘트로 된 2단 제단 뒤로 벽에는 태극기가 걸려 있고, 그 앞에 신상 2개를 모시고 있다. 나무 인형은 목이 없는데, 좌측에는 빨간색 남자 한복을 입힌 인형이 우측에는 초록색 여자 한복을 입은 인형이 있다. 제단에는 촛대, 술잔, 향로, 소주병들이 있고 명실도 걸려 있다. 제단의 양쪽으로도 단을 만들어서 그릇, 향로, 촛대, 술병, 돗자리 등을 보관하고 있다. "수산리 울뢰ᄆ루 하로산당은 수산1리, 수산2리(고잡), 고성리, 오조리, 동남리, 성산리 여섯 마을이 모두 본향으로 모시고 있는 통합형 신당이다."

수산리 본향 울뢰무루하로산당

95. 신양리 본향 하로산당

신양리 본향 하로산당은 원래 신양리 남쪽 해안도로 300m 지점 도로 우측에 있었다. 그러나 2005년에 '세개'지경으로 위치를 옮겼다. 신양항의 해녀탈의장 맞은편이다. 마을에서 땅을 구입하여 당집을 지었다고 한다. 시멘트로 집을 짓고 담을 낮게 둘렀다. 당집 안으로 들어가면 정면에 3단으로 된 제단이 보인다. 제단의 가운데에 돌로 된 위패를 모시고 있다. 위패에는 "본도지관 부소천국 모금백조 하로하로산, 삼천병마, 일만초깃발 다섯째아드님 신양리민일동 무고태평하소서 집사관 양정순"이라고 적혀 있다. 위패 양쪽으로 향로와 촛대가 놓여 있다. 제단 양쪽으로 신의와 물색을 걸어 놓았다. 당집 밖에는 소각로가 있다. 현재 이 당의 매인심방은 우도 출신의 양정순 심방이다. 신양리에 거주하면서 당을 관리하고 있다. "신양리 하로산당은 수산 '울뢰무루 하로산당'에서 가지 갈라다 모신 당이다. 제일은 1월 2일, 15일, 2월 15일, 7월 8일이며, 당에 갈 때는 양푼에 산메를 찌고, 따로 영등메 1기를 가지고 간다. 신양리 주민 대부분이 이 당에 다니며, 송씨가 상단궐이었으나 조권평씨 때부터 상단궐은 조씨가 되었다. 특히 이 당은 2월 15일 영등굿을 크게 하는 당으로 잘 알려져 있다."

신양리 본향 하로산당

96. 온평리 본향 진동산 맹오부인당

온평리 본향 진동산 맹오부인당은 온평리 해안도로에 있는 해녀의 집 식당 옆으로 난 작은 길을 따라 들어오면 약간 높은 동산에 있는 당 집이 보인다. 이 근처를 진동산이라 부른다. 당집 안으로 들어가면 정면에 나무로 만든 제단이 보인다. 제단의 중앙에 나무로 집형태의 위패함이 있는데, 왼쪽 위패에는 "司戶令監文公之神位" 오른쪽 위패에는 "明五夫人柳氏之神位"라고 적혀 있다. 제단 아래쪽에 끈을 매 신의를 걸어 놓았고, 나무기둥에 흰 천을 걸어 놓은 것도 보인다. 당의 유래는 다음과 같다. "서귀포시 일대에서 고칩이가 일등부자였다. 그런데 고 칩이가 서울에 가서 과거를 하는데 3번을 낙방했다. 문점을 하니 신산 본향을 찾아보라는 점괘가 나왔다. 신산본향을 찾아가서 잘 차리고 난 후에 과거에 합격하였다. 이 조상을 무시할 수 없다하여 온평리로 가지 갈라 와서 모셨다." 당신의 유래는 "명나라 명철연딸 삼형제가 제주 도에 들어왔다. 큰성은 조천에 좌정하고 샛성은 김녕에 죽은 성은 신산 범성굴왓에 좌정하였다." "문씨가 묵은 열운이에 살고 있었는데, 물을 온평리 혼인지에서 길어다 먹었다. 애기를 낳았는데 7살이 될 때까지 똥오줌을 치워야 했다. 하루는 어머니가 혼인지에 물 길러 간 사이에 아이가 사라졌다. 걷지도 못하는 아이가 '황로알' 바닷물에 빠져서 물 아래 두일뤠 14일을 살았다. 물에서 나올 적에 좋은 의복을 입고 한 손에는 유리잔과 유리대를 한손에는 무쇠갓과 무쇠바랑을 가지고 만곡 사시월 '달뜨기 반딜물'에 개얌 용머리로 올라왔다. 올라와서 맹오부인 있는 곳에 와서 신하가 되었다." 문씨영감이 바다에서 가지고 나왔다고 하는 무쇠갓과 바랑이 현재도 전하고 있다. 또 문씨조상의 묘가 지금도 남아 있는데 마을에서 벌초를 하다가 현재는 심방이 하고 있다고 한다.

온평리 본향 진동산 맹오부인당

97. 신산리 본향 범성굴왓 할망당

신산리 본향 범성굴왓 할망당의 위치는 본향당이 있는 지경을 '고장남밧'이라 부른다. 콘크리트로 당집을 짓고, 돌담을 둘렀다. 당집 안으로 들어가면 정면에 제단이 있고, 그 가운데 위패를 모신 나무함이 있다. 위패에는 "本鄕之神位"가 새겨져 있다. 위패 앞에 향로, 촛대, 술잔이 있다. 당집 뒤쪽으로 동백나무, 구름비나무, 참꽃 등이 자라고 있다. 이곳 신산리 본향에서 온평리 본향을 가지 갈라 갔는데, 그때 당 안에 있던 꽃나무 가지를 하나 꺾어서 모셔갔다고 한다. 현재 당굿은 앉은제로 하며 새벽 2시부터 시작해서 오전 11시경에 마친다. 당굿을 할 때 심방에게 산을 받고나면 각자 자신이 가져 온 지전물색을 소각 시킨다고 한다. 2월 13일 영등제를 할 때는 어촌계에서 음식을 준비하며, 여자들뿐 아니라 배에 다니는 남자들까지도 모두 참석한다. 현재 본향은 오용부 심방이 매고 있다.

신산리 본향 범성굴왓 할망당

98. 삼달1리 본향 웃카름당

삼달1리 본향 웃카름당은 '미와미못' 맞은편 도로 따라 서쪽으로 650m가면 당집이 나온다. 최근에 당을 정비하여 길도 깨끗하게 정리되어 있고, 화장실과 전기 시설도 잘 갖추어져 있다. 돌과 시멘트로 집을 짓고 슬레이트로 지붕을 얹었다. 당집 안으로 들어가면 정면에 시멘트 제단이 있다. 그 위에는 신상을 모시는 나무 상자와 물색이 담겨 있는 상자가 나란하게 놓여 있고, 그 앞에 큰상 2개가 있다. 신상을 모시는 나무상자의 문을 열면 2층으로 나누어진 것이 보인다. 위층에는 한복을 입힌 신상 5기가 모셔져 있다. 나무판에 한복을 입혔는데 여러 겹을 겹쳐서 입혔다. 한복을 입히고 그 위에 지전을 싸거나 실로 묶었다. 고운 천으로 덮어 놓았다. 그 아래층에는 물색, 촛대, 소주, 양초, 술잔, 향 등이 있다. 나무상자 양쪽 모서리에 '현용행'이라는 이름이 적혀 있다. 또 다른 나무상자에는 물색과 그릇 등이 담겨져 있다. 당집의 한쪽 구석에는 실뭉치를 모아서 담아둔 봉지들도 보인다. 마당에 있는 돌로 된 소각로에는 물색 태운 것, 음료수병과 소주병들이 보인다. 당집 뒤로 대나무와 잡목이 우거진 수림이 있다.

삼달1리 본향 웃카름당

99. 신풍리 본향 웃내끼산신당

신풍리 본향 웃내끼산신당은 성산 청소년수련원과 접해 있는 숲속에 있다. 수련원 뒤쪽에 '던데못' 이라는 연못이 있고, 그 뒤쪽으로 당이 있다. 돌담을 두르고 당집을 지었다. 대나무 군락 안에 돌담을 둘렀다. "웃내끼 토산일뤠당은 토산에서 가지 갈라다 모신 당으로 당신은 토산 일뤠한집, 당 제일은 6월과 11월의 7, 17, 27일 날이다. 이 당신은 아이의 피부병, 육아를 돌봐 주는 산육·치병신으로 당에 갈 때는 메3기를 해서 간다. 당은 대나무 숲에 지전물색을 걸어 놓은 수림형·지전물색형의 당이다." 당집 안으로 들어가면 정면에 시멘트 제단이 있고, 그 위에 '本鄕之神位'라고 새겨진 위패가 모셔져 있다.

신풍리 본향 웃내끼산신당

100. 신천리 본향 안카름 현씨일월당

신천리 본향 안카름 현씨일월당은 천미연대 부근에 있다. 전답 안에 있는 동산에 있으며, 수림으로 둘러져 있다. 자연석으로 돌담을 두르고, 제단도 만들었다. 자연석으로 된 제단 위에 큰 나무 두 그루가 자라고 있다. 이 당의 특징은 신목에 한복 치마저고리를 입혀 놓은 것이라 할 수 있다. 왼쪽의 후박나무에는 한복 치마를 입혀 놓았고, 오른쪽의 녹나무에는 지전물색이 화려하게 걸려있다. 제단의 가운데에 궤가 하나 있다. 당 안에는 후박나무와 폭낭이 자라고 있다. 신천리 '현씨일월 안카름 한집'은 일월 조상으로 당신이 된 처녀신이다. 본풀이의 내용은 다음과 같다. 아버님은 현씨입니다. 어머님은 고씨입니다. 그 몸으로 무위이화(無爲而化) 귀한 아기 한 세살에 죽었다살았다 하며 한 일곱 살 먹으니 돌아탄싱 열다섯에 대천겁저울리젠ᄒ난 어딜 가리요. 현씨 상단궐 천만기도 대영평을 ᄒ렌ᄒ난 금시악도 없어지고 홍포관대 없어지니 앉아 탄복 서서 탄복 울고있자니 상오라방 "설운 누이야 왜 탄복을 그리하느냐?" "현칩에서 천만기도 대영평을 해여ᄃ렌ᄒ난 금시악도 없어지고 섭수쾌지 없어지난 탄복합니다." "나누이야 내일은 각서군문진상 가고오다가 금시악도 사다주마. 협수쾌자 사다주마." 나고 갈 때 고칫당으로 판바당을 지나가니 모진광풍 불어가니 현씨애기 상오라방 가는 거 영어시난 연대에 앉아 보니 불쌍하고 가련하신 상오라방 간간무종이 되었구나. 나는 살아 뭣을하리 연대 아래로 떨어져서 목을 꺾어 죽어가니 현씨 상단궐 밤인 금정질 낮인 옥정질 어느 누가 술한잔 감주한잔 아니주니까 기미년 육섯덜 열나흘날 망명도져 김씨선생 불러서 살찐 구렁 비단 구렁 뱀구렁 서이새끼 무덤을 해주었다.

신천리 본향 안카름 현씨일월당

10장. 안덕 · 대정 당올레

안덕면 · 대정읍의 본향당

탐라신화의 수수께끼 10

대정읍 마라도 포구 북쪽에 있는 마라리 본향당 아기업개당은 물질하러 마라도에 갔던 모슬포 해녀들이 돌아가면서 버려두고 간 '허씨 애기'라 부르는 아기업개의 배고파 죽은 원령을 모시고 있는 외롭고 슬픈 여신당이다.

안덕 · 대정지역의 아름다운 성숲

안덕면 대평리 본향 난드르 일뤠당은 폭낭과 느티나무가 우거진 성숲 안에 위치하고 있다.

대정읍 안성리 동문밧 산짓당은 대정고을로 부임하고 이임하는 목사들까지 말에서 내려 이 신에게 절을 하여야만 하는 아주 센 당을 애워싸고 있는 성숲이다. 그래서 본풀이에도 "가는 현감, 오는 현감 맞이

하던 신당"이라 하고 있다.

대정읍 신도3리 비지낭캐 웃당은 할망당이며 전형적인 당팟당 '밭에 있는농경신의 당'이며 그 당의 당신은 '비지낭캐 일뤠중저'라는 여신이다.

덕수리 웃동네 본향 뒷숭물일뤠당

감산리 통천동 본향 통천이하로산당

안덕 지역의 농경신 닥밭 일뤠할망[七日神]

농경신의 성격이 짙은 감산(柑山)·창천(倉川) 일뤠당계 당은 아버지는 중문리 당신 '동백자하로산'이고 어머니는 '족다리 대서부인'이다.

> 큰딸 난드르(大坪里) 당밧 일뤠중저
> 둘째딸 하열리(下猊里) 망밧 일뤠중저
> 셋째딸 화순이(和順里) 원당밧 일뤠중저
> 넷째는 사계리(沙溪里) 청밧할망 일뤠중저
> 다섯째 감산 도그샘이 일뤠중저·창천(柑山·倉川) 닥밧 일뤠중저
> 여섯째 상열리(上猊里) 제멩이빌레 일뤠중저(족다리 대서부인)

위 여신들의 좌정처는 당밧, 망밧, 원당밧, 청밧, 닥밧과 같이 5개소가 밧이며, 도그샘이 하나가 '샘'이다. 물과 땅(밧)이 성소이며 좌정처인 샘이다. 신들의 기능도 일뤠할망이 지니고 있는 기능인 아이를 낳고 길러주며, 아이의 병 특히 피부병을 고쳐주는 산육과 치병신의 기능 이외에 농경신의 특징이 두드러지게 나타나는 신당이다.

〈안덕면 대평리 당밧 할망당 본풀이〉

> 난드르 당밧할망당은
> 아버지는 중문면 하예래(下猊來里) 하로백관 서백제
> 천지천황 옥황신하 서신국 대별상 화덕진군
> 어머니는 족다리 대서부인

큰딸은 당밧 난드르 일뤠중저

둘째는 열리 망밧 일뤠중저

셋째는 안덕 번내 원당밧 일뤠중저

넷째는 검은질 청밧할망

다섯째는 감산리 도그샘이 일뤠중저 가지 갈라 간 창천리 그정도 닥밧
한집

여섯째는 열리(上猊來里) 가면 네거리 전신당

국서 병서 일문관 도외 집사. 대사 딸이 일곱형제

당밧할망이 아홉의 자식.

옛날 옛적 고려적 시대에 당을 설연하기로

양씬 상단골 고씬 중단골 이씬 하단골로 하여

처음 문씨선생이 이 당을 설연했습니다.

한집이 막 큰 부자로 사니, 상선 아홉 부리고, 중선도 아홉을 부리고,
어부들 차지하고, 줌녀도 차지하고, 산으로 가면 초기(버섯) 진상 받고, 해
변으로 가면 , 우무, 청각, 전복, 소라 진상을 받던 한집님.

말 아홉을 거느리고, 소 아홉을 거느리고, 홉 아홉을 거느리고, 잘 먹으
면 잘 먹은 값 하고, 못 먹으면 못 먹은 값하는 영급 좋고 수덕 좋은 한집
님.

상정월 삼이렛날에 신과세로 만민자손에 상을 받고, 불유월 삼이레 나
면, 대 농사 끝에 마불림으로 상을 받고, 오동짓달 삼이레에 철가리로 고
장쌀 상을 받아오던 한집님입니다. 제일은 1월 7일, 17일, 27일 과세문안.
6월 7일, 17일, 27일 마불림. 11월 7일, 17일, 27일 철가리입니다.

(안덕면 대평리 여무 고해생 님)

101. 안덕면 감산리 본향 도그샘이 일뤠당

안덕면 감산리 본향 도그샘이 일뤠당은 계림정사에서 서쪽 산책로 150m 창고천변 대나무와 동백나무가 우거진 숲 안에 당이 있으며, 숲 안으로 들어오면 넓은 암석층이 나타난다. 이 암석층과 그 주변에 자라고 있는 동백나무들을 중심으로 당이 형성되어 있다. 암석층의 아래쪽에 납작한 돌들을 쌓아서 제단을 만들고 그 위에 시멘트 블록 몇 개를 올려놓았다. 제단에는 궤가 3개 있으며, 시멘트 블록 주변에 타다 남은 양초들이 보인다. 바위 위에 자라고 있는 동백나무 여러 그루에 지전물색이 걸려 있다. 또 제단 앞에 있는 작은 동백나무에도 실이 걸려 있고, 시멘트를 바른 곳에 타다 남은 양초들이 보인다. "감산리 '도그샘이 일뤠당'은 감산리 본향당으로 당신은 생산, 물고, 호적, 장적을 차지한 '닥밧 일뤠중저'라는 여신이다. 제일은 정월 7 · 17 · 27일이며, 보통 택일하여 다닌다. 메는 2~3기 가지고 간다. 이 당은 설촌과 함께 설비된 당으로 고씨가 상단퀄이며, 감산리 주민들이 다닌다."

안덕면 감산리 본향 도그샘이 일뤠당

102. 안덕면 창천리 본향 창고내 닥밧 일뤠당

안덕면 창천리 본향 창고내 닥밧 일뤠당은 창고내(창고천 마애명 가는 계단에서 오른쪽) 상록수림 내에 위치하고 있다. 암석층과 나무 몇 그루를 중심으로 당이 형성되어 있다. 시멘트로 계단을 만들어서 제단 쪽으로 올라갈 수 있도록 해 놓았다. 제단은 자연 암반 위에 시멘트를 발라서 만들었다. 동백나무 한 그루에 지전물색이 걸려있고, 그 옆에 죽은 나무 몇 그루가 쓰러져 있다. 제단 한쪽에 사과와 귤, 과자가 놓여있다. 동백나무 왼쪽의 평평한 바위 위에 그릇과 술병, 과자 등이 놓여있다. "창천리 본향 '닥밧 일뤠당'은 '닥밧 일뤠중저'라는 칠일신으로 산육·치병의 여신이다. 당의 제일은 1월 17일, 5월 17일, 8월 17일이고, 창천리 주민들이 다니며, 오씨가 상단궐이다. 당에 갈 때는 메3기를 가지고 간다. 100년 전 오씨 어른이 도그샘이 일뤠당을 가지 갈라다 모셨다고 전해진다.

안덕면 창천리 본향 창고내 닥밧 일뤠당

103. 안덕면 대평리 본향 난드르 일뤠당

안덕면 대평리 난드르 일뤠당은 대평리 마을회관 서쪽 대평아르테라스 건물옆 폭낭과 느티나무가 우거진 수림 내에 위치하고 있다. 당은 돌을 둘러 울타리를 만들었다. 당 안으로 들어가면 돌을 쌓은 뒤에 시멘트를 발라서 만든 제단이 보인다. 제단 뒤쪽으로 폭낭, 느티나무, 사철나무가 자라고 있는데, 그곳에 지전물색과 명실이 많이 걸려 있다. 오래된 것에서부터 최근의 것까지 걸려 있다. 제단 뒤쪽 나무 아래에 석궤가 하나 있고, 그 위에 돌을 덮어 놓았다. 궤 옆에 밥그릇과 양초, 과일찌꺼기 등이 보인다. 나무 바로 아래쪽에 제단 위에는 나무에서 떨어진 지전물색 조각들과 소주병 뚜껑, 과자봉지, 양초들이 흩어져 있다. 돌담 바깥쪽에 소주병들이 많이 쌓여 있다. "대평 '난드르 일뤠당'은 '닥밧 할망당'이라 하며, 당신은 '닥밧 할망, 닥밧 일뤠중저'라 한다. 이 당신은 본향신이며, 생업수호신이며, 육아 및 질병을 수호해 주는 직능 모두를 담당하고 있다. 상단궐은 양씨, 중단궐은 이씨, 하단궐은 고씨이며 이기방 씨가 당을 매고 있다. 당의 제일은 매달 7 · 17 · 27일, 제물은 메3기를 가지고 간다."

안덕면 대평리 본향 난드르 일뤠당

104. 안덕면 사계리 본향 청밧 할망당

안덕면 사계리 본향 청밧할망당은 산방산 아스팔트길에서 사계리로 난 길을 따라 조금 지나면 길 위쪽 밭에 있다. '고기랑밥이랑' 식당 맞은편으로 폭낭, 보리수나무, 멀구슬나무, 사철나무 등이 우거진 동그란 수림이 보인다. 당은 돌담을 두르고 가운데 제단을 마련하였다. 당의 한가운데에 돌을 쌓고 그 위에 시멘트로 마감을 했다. 가운데 궤를 만들고 작은 돌로 뚜껑을 만들어 덮었는데, 궤 안에 음식찌꺼기가 들어 있다. 제단 뒤쪽의 나무에 지전물색과 실이 여러 곳에 걸려 있고, 제단 바로 옆쪽에 있는 나무막대에는 실만 감겨 있다. 제단 위에 타다 남은 양초 3~4개가 있고, 당 주위에 숟가락, 양초, 술병, 음료수병 등이 흩어져 있다. 당 안의 여기저기에 떡, 과일 등 음식찌꺼기가 그대로 남아 있는 것으로 보아 최근에도 많은 사람들이 다니고 있는 것으로 보인다. "사계리 '청밧 일뤠당'의 당신은 '청밧할망' 또는 '청밧일뤠할망'이라 하며, 당에는 매달 일뤠에 다니는 일뤠당이고, 이 당의 여신은 산육·치병신이다. 당에 갈 때는 메2기를 가지고 간다. 이 여신은 큰물당의 딸이라고 한다. 이 당신은 초일뤠엔 서서 단골을 기다리고, 열일뤠엔 앉아서 기다리고, 스무일뤠엔 누워서 기다린다고 한다."

안덕면 사계리 본향 청밧 할망당

105. 안덕면 화순리 본향 원당밧 일뤠당

안덕면 화순리 본향 원당밧 일뤠당은 과수원 안에 위치하고 있다. 당 안으로 들어가면 오른쪽에 돌을 쌓고 그 위에 시멘트를 발라 제단을 만들었다. 제단 위에는 궤가 하나 있는데, 중앙 제단의 맞은편으로 작은 제단이 하나 더 있다. 작은 돌 하나를 깔고 그 위에 시멘트를 발랐으며, 궤가 하나 있다. 물색등 다녀간 흔적은 아직도 있으나 주변 개발로 접근이 어렵다. "안덕면 화순리 본향 '원당밧 일뤠당'의 당신은 '원당밧 일뤠중저'이다. 제일은 1월 17일, 5월 17일, 10월 17일이다. 당에 갈 때는 메3기를 가지고 간다. 이 당신은 화순리의 생산, 물고, 호적, 장적을 차지한 토주관으로 중문 불목당신의 둘째 딸이라 한다."

안덕면 화순리 본향 원당밧 일뤠당

106. 안덕면 동광리 본향 브래낭ᄃ루 일뤠당

안덕면 동광리 본향 브래낭ᄃ루 할망당은 동광리 오거리에서 동광리 복지회관 지나 남쪽으로 150m에 위치하고 있다. 당은 자연석 돌담을 두르고 시멘트와 돌로 만든 제단 위에 위패를 모시고 있다. 위패에 새겨진 내용은 다음과 같다. "건곤동 양씨 위하던 폭낭밧당 조상님 동광정씨 본향으로 청내합니다. 乙巳 四月二十日 李壬生 근입" 제단 오른쪽에 있는 나무에 지전물색과 실, 다라니, 작은 오색 주머니 등이 걸려 있다. 빨강, 파랑, 노랑, 흰색의 주머니 안에는 팥이 들어 있고, 오래된 비닐봉지 안에는 조와 보리 등의 곡식이 들어 있다. 중앙의 제단 외에도 돌을 낮게 쌓아서 제물을 차릴 수 있도록 만들어 놓았고, 가운데 소각장을 만들어 두었다. 출입구쪽 돌담 아래에도 동전과 양초가 놓여 있다. 당 안은 깨끗하게 정리되어 있고, 당 울타리 밖으로 소주병들이 보인다. "동광리 '브래낭ᄃ루 일뤠당'은 '일뤠중저'를 모시고 있는 일뤠당으로 매달 7·17·27일 날 당에 다닌다. 당의 중앙에 비문이 있고 그 앞에 신목이 있다. 당에 갈 때는 메 2기를 가지고 가며 서광동리 주민들이 다닌다. 이 당의 당신은 호근이ᄆ루 정좌수의 딸이라고 하는데 산육·피부병을 고쳐주는 신이다."

안덕면 동광리 본향 불래낭ᄃ루 일뤠당

107. 대정읍 안성리 본향 동문밧 산짓당

대정읍 안성리 본향 동문밧 산짓당은 안성리 복지회관 북쪽 150m 지점에 위치한다. 당은 밭 옆의 잡목수림 안에 있으며, 수림 안에는 폭 낭과 생달나무, 보리수나무 등이 자라고 있다. 넓게 돌담을 두르고 돌을 쌓아 단을 만들었다. 폭낭을 신목으로 하고 있으며, 제단 위에 자라고 있는 보리수나무에 지전물색이 많이 걸려 있다. 제단 가운데 궤가 하나 있다. "대정고을에는 보성리 상동에 〈서문밧 쿳남밧당〉, 보성리 하동에 〈가원당〉, 안성리에 〈동문밧 산짓당〉이 있었다. 〈쿳남밧당〉은 과수원이 생기면서 다닐 수 없게 되었고, 〈가원당〉은 4·3사건 이후 없어지면서, 보성리 사람들은 모두 당을 산짓당에 갈라다 모시고 있다. 그러므로 가원당이나 쿳남밧당에 다니던 사람들이 산짓당에 갈 때는 상메6기, 손메2기 모두 8기를 가지고 다닌다. 산짓당의 당신은 '산짓당 일뤠중저'라는 여신이며, 안성·인성·보성리로 이루어진 대정고을의 본향당신이며, 생산, 물고, 호적, 장적을 차지한 마을의 토주관이다.

대정읍 안성리 본향 동문밧 산깃당

108. 대정읍 무릉1리 본향 물동산 일뤠당

대정읍 무릉1리 본향 물동산 일뤠당은 무릉1리 '물동산' 근처에 있다. 무릉사장로 교차로 서쪽 130m 큰길 옆에 있다. 둥글게 돌담을 두르고, 자연석을 쌓아 제단을 만든 뒤에 그 위에 넓은 돌을 깎아서 올렸다. 제단 뒤로 폭낭 한 그루가 자라고 있다. 제단 아래에 향로, 양초, 사탕, 그릇 등이 흩어져 있다. 한쪽에 소각로가 마련되어 있다. "물동산 일뤠당은 모슬포 문수물당에서 가지 갈라온 당이다. 제일은 매달 7·17·27일인 일뤠당이지만 택일하여 개인적으로 찾아가 축원하는 개별축원당이다. 당에 갈 때는 메3기를 가지고 간다. 이 당의 당신 일뤠할망은 마을의 본향당신으로 생산, 물고, 호적, 장적을 수호해 준다. '물동산' 오른쪽 귀퉁이에 돌담을 타원형으로 두른 작은 당으로 입구에 오른쪽으로 신목과 제단이 꾸며진 석원형·신목형·지전물색형·제단형·구릉형·수림형의 신당이다. 무릉1리 주민들이 주로 다닌다."

대정읍 무릉1리 본향 물동산 일뤠당

109. 대정읍 신도3리 본향 비지낭캐 웃당

대정읍 신도3리 본향 비지낭캐 웃당의 위치는 신도리 해안도로 변 밭 사이에 있다. 밭 담 옆으로 큰 폭낭을 중심으로 돌담이 둘러진 것이 보인다. 당은 네모나게 돌담을 두르고 그 안에 네모나게 돌을 다듬어서 쌓아 제단을 만들었다. 정면에 보이는 큰 제단 위에 궤가 2개 있고, 단 위에 자라고 있는 폭낭과 까마귀쪽나무에 지전물색이 걸려 있다. 제단 위에 귤껍질, 술병, 향, 촛농, 그릇 등이 있고, 단 아래에는 향로가 있다. 당의 입구 쪽에도 작고 낮은 제단이 하나 있다. 네모 난 돌을 제단으로 삼고 있는데, 궤가 하나 있다. 신목은 폭낭이다. 정리가 잘 되어 있는 당이다. "신도3리 비지낭캐 웃당은 할망당이며 그 당의 당신은 '비지낭캐 일뤠중저'라는 여신이다. 제일은 매달 3·7·13·17·23·27일이며, 당에 갈 때는 메3~4기(사발메1, 보시메2)를 가지고 가며, 마을 본향으로 생산, 물고, 호적, 장적을 차지한 신이다. 신도1리 알당 축일당 하르방과는 오누이 지간이 되는 신이다. 정월에 신과세제 때 제일 많이 당에 다니며, 당을 맨 심방은 서귀포에 살기 때문에 정월 17일 날만 당제를 치르기 위하여 온다. 당의 규모가 크고 잘 정리된 당이지만 지금은 지전이나 물색을 가지고 가서 굿이 끝나면 태우고 오기 때문에 물색을 걸지 않는다. 그 이유는 동네에 미친 사람이 있어 당에 걸린 지전물색을 태워 버렸기 때문에 그 후로부터는 걸지 않게 되었다."

대정읍 신도3리 본향 비지낭캐 웃당

110. 대정읍 가파리 본향 상동 매부리당

대정읍 가파리 본향 상동 매부리당은 가파도 어부 해녀들이 다니는 해신당으로 상동 포구에 있다. 당 입구에 '상동마을 할망당' 안내 표지판이 있는데, "상동·하동마을에 각각 1개소씩 마련되었으며 상동마을 원주민들이 꼭 1년에 한 번씩 가족들의 무사안녕과 풍어를 기원하는 당이다." 포구 한쪽에 낮게 돌담을 두르고, 그 위에 시멘트를 덧발라 놓은 당이 보인다. 바닥은 시멘트를 발랐다. 석궤를 모신 제단 하나와 그 왼쪽에 돌을 이용해서 만든 작은 제단이 하나 더 있다. 중앙에 있는 제단에는 양쪽에 돌로 기둥을 세우고 위에 슬레이트 조각을 덮어서 궤를 만들고, 그 앞에 평평한 돌 하나를 두어 제단처럼 쓰고 있다. 궤 안에는 지전과 물색, 실, 지폐 등이 들어 있고, 앞의 돌에 동전이 올려져 있다. 당의 한쪽에 술병들을 잘 정리해 놓았는데, 비닐봉지에 든 곡식도 보인다. "이 당에는 정월, 6월, 8월 달 당에 택일하여 다니는데, 몇 년에 한번씩은 줌수굿을 한다고 한다. 당에 갈 때는 메는 3기, 돼지고기, 명씰 등을 가지고 간다. 이 당은 상동 어부와 해녀를 수호해 주는 해신당이고, 당신을 돈지하르방·돈지할망이라 한다. 모슬포 하모리에서 가지 갈라다 모신 당이다."

대정읍 가파리 본향 상동 매부리당

111. 대정읍 마라리 본향 아기업개당

대정읍 마라리 본향 아기업개당은 마라도 북쪽에 위치하며, 당에는 정월 10~20일 중에 택일하여 다니며, 당에 준비하고 가는 제물은 메, 제숙, 과일 등이다. 아기업개당은 둥글게 돌담을 두르고, 가운데 석궤를 모시고 있다. 궤를 중심으로 바닥에 시멘트를 발라 제단을 만들었다. 궤 안에는 돌 틈에 종이와 흰 천 실을 묶은 것이 끼워져 있고, 앞쪽으로 술병과 양초, 동전 등이 놓여 있다. 당에서 약간 떨어진 곳에 소각로가 있는데 깨진 술병과 과일 찌꺼기가 가득 쌓여 있다. 육지 무당들이 와서 굿하기도 한다고 했다. "마라도 처녀당은 섬 북쪽 바닷가 높은 언덕에 위치한 마라도 본향이다. 이 당에는 아기업개의 원령을 모시고 있기 때문에 '처녀당' '비바리당' '아기업개당'이라 한다. 마라도에는 소라, 전복 등 해산물이 무진장이었으므로 가파도나 모슬포의 줌수들이 이곳 마라도에서 물질을 하였다. 하루는 모슬포 줌수들이 식량을 싣고 물질을 하러 왔는데 바다가 세어 작업할 수가 없었다. 그날 밤 상줌수의 꿈에 마라도를 떠날 때 아기업개를 놔두고 떠나야 섬을 무사히 빠져나갈 수 있다는 것이었다. "이 아이를 데리고 가다가는 우리도 물귀신이 된다 하니, 이 아이를 희생시키는 수밖에 없다." 줌수와 사공 모두 그러자고 하여 아이를 내버려두고 섬을 떠나니 무사히 빠져나올 수 있었다. 아기업개는 그녀를 버려두고 떠나는 배를 향하여 높은 데 올라 손을 흔들며 발버둥치다가 굶어 죽었다. 해가 바뀌어 모슬포 줌수들이 마라도에 다시 물질을 왔을 때는 뼈만 앙상하게 남아 있었다. 그로부터 마라도를 찾는 줌수들은 불쌍한 아기업개의 넋을 위로하기 위하여 그 자리에 처녀당을 짓고 1년에 한 번 당제를 지내게 되었다.

대정읍 마라리 본향 아기업개당

나가며

성숲의 완성

지역마다 본향당신을 모시고 있는 '거룩한 숲' 성숲[聖藪]은 신증동국
여지승람(『新增東國輿地勝覽』, 濟州牧 風俗條)에는

　　제주 풍속에 대체로 오름 · 숲 · 하천 · 샘 · 언덕 · 물가 · 평지의 나무
　　(神木)나 돌(神石)이 있는 곳에는 고루 신당을 만들어 놓았다. 그리하여 해
　　마다 설날부터 정월 보름까지 심방(巫覡)은 신기(神纛)를 들고 굿[儺戲]을
　　한다. 징과 북을 울리며 안내하여 마을로 들어오면 단골들은 모두 재물과
　　곡식을 내놓아 제를 지낸다고 했다.
　　　俗尙陰祀乃於山藪川池邱陵墳衍木石　具設神祀　每自元日至上元　巫覡
　　共擎神纛　作儺戲　錚鼓前導出入閭閻民爭損財穀以祭之[2]

　지금도 신당[本郷堂]과 성숲이 있는 곳은 「東國輿地勝覽」의 기록과
마찬가지로 丘陵 · 田畓 · 川邊 · 泉邊 · 樹林 · 巖窟 · 海邊 등에 있음
을 조사를 통하여 확인할 수 있었다. 당이 있는 곳은 과거 마을이 설촌

---

2) 盧思愼 外, 『新增東國輿地勝覽』卷三十八 濟州, 明文堂, 1981, p.662.

되면서부터 지금까지 하나의 성숲[聖所]을 이루어 마을사람들의 삶을 지탱하고 지속시켜 온 '마을의 중심'으로 남아 있다.

납읍리 본향 바구사니우영 돗당

금악리 아미당

가시리 본향 구석물당

제주의 성소 당올레 111 GPS 및 주소

* GPS는 2가지 표기 - 도분초(DMS) / 도(DM)방식으로 표기
(구글에서 두가지로 다 찾을 수 있고, 가까오뱁, 네이버 신버전에서는 도(DM)로 위치 검색가능 2019년 12월 기준)
* 주소의 경우 2019년 기준 신주소 표기가 어려운 당이 있어 구주소로 표기함. (하천지역등 당의 주소로 찾기 힘든경우 주변 주소표기 섬앙)
* ⓒ김녕 (답사 후 GPS 좌표 및 주소 확인 작성)

NO	지역	신당명	당올레 111 GPS / GPS 도분초	GPS 도	당올레 주소
1	제주시	용담2동 한두기본향 ᄃ시락당	N 33° 30' 49.7" E 126° 30' 53.9"	33.513806, 126.514972	용담 1동 373-3 서쪽 하천변 (산책길에서 내려가는 계단으로)
2		용담3동 정뜨르 본향 다끄내 궁당	N 33° 30' 50.3" E 126° 30' 36.4"	33.513972, 126.510111	제주시 용담로 65 (사레부고 전제주소) 용담로 7길 16 (맛은편 사레부고 인쪽 언덕)
3		도두1동 본향 오름허릿당	N 33° 30' 23.5" E 126° 28' 05.9"	33.506528, 126.468306	도두1동 1745 (서해안로 1745 - 장안사) 도두봉입구 장안사 (관음정사) 뒷댓
4		이호2동 본향 붉은왕돌 앞 할망당	N 33° 30' 12.6" E 126° 27' 40.3"	33.503500, 126.461194	이호2동 331 (인내판맞은) 도두에서 이호테우 해변 가는 해안도로변 정수장 근처
5		내도동 일당 두리빌렛당	N 33° 29' 45.6" E 126° 26' 23.2"	33.496008, 126.439781	내도동 514-1 북축 바닷가(해안쪽 넓ᄃ 바위)
6		해안동 이승이 본향 독숙물 일뤠할망당	N 33° 27' 17.0" E 126° 27' 03.6"	33.454712, 126.450985	해안동 2530
7		연동 본향 능당	N 33° 28' 16.9" E 126° 29' 25.9"	33.471364, 126.490524	제주시 연동 989-2 연동 990-1 건물 독축 경계
8		오라2동 본향 방에왓 내왓당	N 33° 2949. 3' E 126° 30' 40.6"	33.497035, 126.511287	오라2동 1185-1 종합경기장 서쪽 내창 건너편
9		오라2동 본향 정실 도노밋당	N 33° 28' 03.7" E 126° 30' 27.7"	33.467698, 126.507684	오라2동 601-4 (범위넘음) 제주시 이연로 216-29 주택 서쪽 정수암교 건너 왼쪽길
10		건입동 본향 산지 칠머리당	N 33° 31' 08.5" E 126° 32' 53.0"	33.519029, 126.548068	건입동 387-12 사라봉 별도봉 사이 정수장 가는길 근처
11		도남동 본향 백질당	N 33° 29' 13.0" E 126° 31' 23.6"	33.486944, 126.523222	도남동 586
12		화북동 운동지 영감당	N 33° 31' 17.4" E 126° 34' 17.7"	33.521500, 126.571583	화북1동 1392
13		삼양2동 가물개 본향 닷묘할망당	N 33° 31' 27.8" E 126° 35' 06.8"	33.524389, 126.585222	삼양2동 2104-4 삼양2동 가물개 공원 안
14		도련1동 본향 당팟 개당	N 33° 30' 19.8" E 126° 35' 18.4"	33.505500, 126.588444	도련 1동 1528-2
15		봉개동 동회천 본향 세미하로산당	N 33° 30' 27.3" E 126° 36' 56.4"	33.507583, 126.615667	회천동 1058
16		봉개동 용강 본향 웃무드네 계당	N 33° 28' 31.4" E 126° 35' 28.3"	33.475400, 126.591182	용강로 715-1 근처 보호수 앞 아래로 내려가는 계단

번호	지역	당명	좌표 (N/E)	십진좌표	주소	비고
17		아라동 월평 본향 다리굿당	N 33° 28' 15.7" E 126° 34' 18.1"	33.471028, 126.571694	월평동 1137	
18	애월읍	광령리 마세미륵당	N 33° 24' 53.1" E 126° 26' 56.6"	33.414750, 126.449056	광령리 596 /597경계	목장내 위치
19		광령리 본향 자운당	N 33° 27' 41.4" E 126° 26' 46.2"	33.461500, 126.446167	광령리 36-6	염도밭t 뒷면
20		상귀리 본향 황다리궤당	N 33° 28' 05.9" E 126° 24' 14.3"	33.468300, 126.403968	상귀리 637	동새이 길, 하천가 내려가는 궤간
21		하귀리 본향 돌코릿당	N 33° 28' 37.6" E 126° 24' 07.1"	33.477111, 126.401972	하귀2리 1916-7	
22		납읍리 본향 바구사니 우영 돗당	N 33° 26' 23.1" E 126° 19' 54.6"	33.439750, 126.331833	납읍리 1693-1 (밭 안쪽)	납읍리 1693-1 / 1721 경계
23		봉성리 본향 구머릿당	N 33° 25' 42.4" E 126° 18' 36.0"	33.428444, 126.310000	봉성리 3683 (목축글)	
24		장전리 본향 능선이 고지물 일뤠할망당	N 33° 26' 59.9" E 126° 23' 31.0"	33.449972, 126.391944	장전리 402	장전초등학교에서 동쪽 다리 건너 길가에 시멘트로 포장 된 나지막한 동산으로 올라가는 길
25		유흥리 본향 진빌레 (송씨할망당) (일뤠당)	N 33° 27' 46.4" E 126° 21' 57.6"	33.462889, 126.366000	신엄리 2208-1	
26		신엄리 본향 당팟물왓 송씨할망당	N 33° 28' 31.5" E 126° 21' 57.5"	33.475417, 126.365972	신엄리 2672-3	
27		고내리 본향 큰당 (장군당)	N 33° 28' 01.0" E 126° 20' 14.3"	33.466944, 126.337306	고내리 1114	
28	한림읍	금능리 본향 연딧기름 영감당	N 33° 23' 12.8" E 126° 13' 25.5"	33.386889, 126.223750	금능리 1631	능화동 내 포제단 오른쪽 (동쪽)
29		상명리 본향 느지리 케은믈 축일할망당	N 33° 21' 43.6" E 126° 16' 16.4"	33.362111, 126.271222	상명리 898	
30		상대리 본향 종구실 고한이 축일당	N 33° 24' 22.4" E 126° 16' 58.7"	33.406222, 126.282972	상대리 4138	
31		명월리 본향 백몬이옥 하련당	N 33° 23' 19.5" E 126° 16' 08.2"	33.388750, 126.268944	동명리 1102 /1109 경계	
32		금악리 본향 뜨신이동 축일할망당	N 33° 20' 45.4" E 126° 18' 12.2"	33.345944, 126.303389	금악리 1359	
33		금악리 본향 당동산 오일하르방당	N 33° 20' 54.7" E 126° 17' 48.7"	33.348528, 126.296861	금악리 1612	
34		비양리 본향 술당	N 33° 24' 28.6" E 126° 13' 50.0"	33.407944, 126.230556	협재리 신 116-5 (밭이넘음)	협재리 2908 주택 북쪽에 위치
35	한경면	고산리 본향 당오름 당목굿당	N 33° 18' 31.2" E 126° 10' 37.0"	33.308667, 126.176944	고산리 2640	
36		고산리 지구내 갯그리할망당	N 33° 18' 35.6" E 126° 09' 58.8"	33.309889, 126.166333	고산리 3616-24	고산리 자구내 포구 동쪽 100m 지점 절벽 아래
37		판포리 본향 널개 오일하르방당	N33° 21' 35.9" E 126° 12' 16.8"	33.359972, 126.204667	판포리 2532-2	
38		낙천리 본향 소록낭무 뜸 오일하르방당	N 33° 19' 43.4" E 126° 13' 36.5"	33.328722, 126.226806	낙천리 1882 밭 동쪽 끝 위로 (낙천리 1883 동남쪽) 2019년 현재 휴식공간 식단에서 밭으로 들어가야 함	
39		저지리 본향 당멀 허릿당	N 33° 20' 08.5" E 126° 14' 58.7"	33.335694, 126.249639	저지리 1892-3(1892-2) 올레 13코스 저지오름 주차장 가기전 밭으로 가로질러가야함	
40	조천읍	신흥리 본향 볼래낭할망당	N 33° 32' 55.1" E 126° 38' 57.8"	33.548639, 126.649389	신흥리 538-4 (신흥리 포구)	
41		함덕리 곳나니무 일뤠당	N 33° 31'54.6" E 126° 39'46.9"	33.531833, 126.663028	함덕리 1698(1698-1)	
42		북촌리 뒷개 본향 가릿당	N 33° 33' 03.4" E 126° 41' 35.1"	33.550947, 126.693090	북촌리 1363	
43		선흘리 웃선흘 본향 탈남밧일뤠당	N 33° 31' 03.8" E 126° 42' 14.1"	33.517722, 126.70317	선흘리 2612-27 서쪽 끝	

번호	구분	당명	좌표(도분초)	좌표(십진)	위치	주소
44		와산리 본향 알당 베락하르방당	N 33° 29' 27.5", E 126° 41' 10.6"	33.490972, 126.686278		와산리 694-1
45		와산리 본향 눈미 웃당 당오름 불돗당	N 33° 28 49.9" E 126° 41' 15.4"	33.480521, 126.687603		와산리 489-2
46		와산리 당냇길 도궐물 산신당	N 33° 28' 50.2" E 126° 41' 17.2"	33.480600, 126.688097		와산리 326
47		와산리 엄낭굴왓 칠선이도 산신당	N33° 28 41.9" E126° 40' 23.0"	33.478312, 126.673053	와산리 488-1 경계 (불돗당 동쪽 근처)	와산리 1376-1
48		와산리 웃질왓 검낭밧 한세조상당	N 33° 29' 03.56" E 126° 40' 51.4"	33.484323, 126.680927	와산리운동장(체육공원) 보래와 감물체함농장 내 조천읍 와산리 1193 서쪽 끝	
49		교래리 본향 드리산신당	N 33° 25' 54.5" E 126° 40' 27.5"	33.431798, 126.674293		교래리 607
50		교래리 ᄃ리 누룩남도 일뤠당	N 33° 26' 00.0" E 126° 40' 32.4"	33.433333, 126.675667	교래리 확원관 서쪽 밭 당집	교래리 선돌-4 제주미니랜드내
51		대흘리 본향 비지낭밧 하늘산신당	N 33° 30' 02.5" E 126° 39' 19.5"	33.500694, 126.655417	제주표광스마을 경계 과수원 안쪽	대흘리 201
52		와흘리 본향 한거리 노늘하르산당	N 33° 30' 08.4" E 126° 38' 21.0"	33.502333, 126.639167		와흘리 1274-1
53	구좌읍	동복리 본향 굴묵밧 함망당	N 33° 33' 09.0" E 126° 42' 34.7"	33.552500, 126.709639	동복리 1759 (넓게 분포)	동복리 671-1
54		서김녕리 남당 서문하르방당	N 33° 33'17.5" E 126° 44'19.4"	33.554861, 126.738722		김녕리 4110
55		서김녕리 ᄂᆞᆷ리동산 일뤠당	N 33° 33' 16.8" E 126° 44' 34.3"	33.554671, 126.742852		김녕리 3419
56		동김녕리 성세깃당	N 33° 33 16.0" E 126° 45' 31.7"	33.554444, 126.758806	김녕리 1168 집 맞은편 올레길	김녕리 571-2 (주소지역 넓음)
57		동김녕리 궤네깃당	N 33° 32' 55.8" E 126° 45' 09.5"	33.548833, 126.752639	김녕리 1901 남쪽 궤내기 동굴	김녕리 2121 (주소지역넓음)
58		동김녕리 본향 사장빌레 큰당	N 33° 33' 07.8" E 126° 45' 06.1"	33.552167, 126.751694	김녕중학교 후문쪽 당 입구	김녕리 1777 북쪽 끝
59		월정 본향 서당머체 큰당	N 33° 32' 56.6" E 126° 47' 31.7"	33.549056, 126.792139		월정리 182
60		행원리 남당	N 33° 33 26.4" E 126° 48' 33.6"	33.557337, 126.809330		행원리 신3 (동쪽 스레이트 당집) 올레 20코스
61		세화리 본향 천자또 산신당	N 33° 30'52.1" E 126° 51'16.4"	33.514472, 126.854556		세화리 1049-1
62		하도리 본향 삼승불도할망당	N 33° 31' 24.9" E 126° 52' 35.9"	33.523581, 126.876646	하도리 갯동네(西洞) 벗석거리 사이의 시멘트 포장길에서 아래 밭쪽으로 약간 내려가면 오른편에 슬레이트 당집	하도리 2882 북쪽끝
63		상도리 본향 막음질 일뤠할망당	N 33°30' 32.7" E 126° 52'07.4"	33.509069, 126.868709		상도리 202 북서쪽 길래길 (상도리 214/215 남쪽)
64		종달리 생개남 도진당	N 33° 30' 05.3" E 126° 54' 47.9"	33.501472, 126.913306		종달리 454-1 맞은편 해안가 종달리 457-2 북동쪽 70m
65		송당리 본향 웃손당 당오름 백주할망당	N 33° 28' 06.6" E 126° 46' 32.5"	33.468500, 126.775694		송당리 신 199-1 당오름까지 포함 주소
66		송당리 상덕천 제오름 사라돌 산신당	N 33° 28 04.7" E 126° 45' 27.9"	33.467972, 126.757750		송당리 1773 북쪽
67		하도리 본향 가문 무두네 산신당	N 33° 30' 12.7" E 126° 46' 10.7"	33.503537, 126.769628		덕천리 289

68	서귀포시	중문동 본향 불목당	N 33°15'21.0" E 126°26'07.8"	33.255829, 126.435501	중문동 1838-3 (1840-2 경계) 중문동 1번 우회도로에서 회수동으로 들어가는 네거리 북동쪽 모퉁이 동백나무 숲 안쪽
69		하례동 예래본향 열리하원산신당	N 33°14'43.1" E 126°23'03.3"	33.245306, 126.384250	하례동 112 / 115 경계 과수원내 위치
70		대포동 궂듸이무 웃당	N 33°14'38.8" E 126°26'31.4"	33.244106, 126.442062	대포동 1320 포당이 모루 웃당 / 셋당 / 알당 3곳 길이 제주올레교상지 선정의길 4구간 안내표지 우천사에서 대포연대가는 선정의길
71		대포동 자장코지 큰너당	N 33°14'13.3" E 126°26'16.3"	33.237035, 126.437850	대포동 2385 동쪽 바닷가 해안쪽에 올레길, 해안 끝에 위치
72		하원동 본향 뒷동산 비바리당	N 33°15'32.6" E 126°27'38.8"	33.259051, 126.460787	하원동 561 주택 길 옆 법화로 110온 길 선제주소
73		강정동 본향 냇깃이소 일뤠당	N 33°14'20.7" E 126°29'15.2"	33.239072, 126.487541	강정동 3013-1 주조 맛알 선수도 보호구역 정문 (동쪽으로 빗길이소, 오른쪽에 당 위치)
74		월평동 성창골 비바리당	N 33°14'28.0" E 126°27'28.3"	33.241104, 126.457854	월평동 715 북서쪽 서귀표소 월평동 517에 주차 맛은편 발목아래 하천으로 가면 철재 계단 모드렛당, 일뤠당은 바로 붙어 있음 성창골은 일뤠당에서 더 내려가 하천 건너고 다시 올으막 언덕에서 왼쪽으로 가면 당, 올레 7코스 바로 옆으로 (표지판에서 오른쪽 계단)
75		호근동 본향 돔으 으드렛당	N 33°15'03.6" E 126°31'55.9"	33.250995, 126.532183	호근동 1401-1
76		서귀동 본향 부름웃도 지산국당	N 33°14'46.8" E 126°33'53.2"	33.246322, 126.564784	서귀동 534-2
77		보목동 본향 조노귀당	N 33°14'49.4" E 126°36'03.3"	33.247068, 126.600914	보목동 901 남서쪽
78	남원읍	수망리 본향 물우럿당 (무럿당)	N 33°19'48.5". E 126°42'22.0"	33.330139, 126.706111	수망리 798-1 북쪽 (수망리 797 건물옆 길목)
79		의귀리 본향 낙시오름 납당	N 33°18'05.4" E 126°42'48.3"	33.301497, 126.713411	의귀리 1273(과수원) / 1291 숲 경계
80		태흥2리 해신당	N 33°30'32.7" E 126°52'07.4"	33.509069, 126.868709	성도리 202 북서쪽 갈레길 (성도리 214/215 남쪽)
81		한남리 본향 망동산 담밧당	N 33°19'00.6" E 126°41'18.0"	33.316833, 126.688333	한남리 1092
82		남원리 본향 널당(돗자당)	N 33°16'40.8" E 126°43'10.4"	33.278000, 126.719556	남원리 91-6 (포구 길 옆)
83		신례리 본향 예촌 일뤠당	N 33°17'16.4" E 126°37'39.6"	33.287889, 126.627667	신례리 1015 신례1리 마을회관 (1통 세마을금고) 맞은편 건물 사이길로
84		하례리 예촌본향 걸시오름 매역밧 큰당	N 33°16'48.9" E 126°36'56.8"	33.280250, 126.615778	하례리 산 135-3
85		하례2리 본향 아게할망당	N 33°17'26.3" E 126°36'20.8"	33.290639, 126.605778	하례리 1656-2
86	표선면	성읍리 본향 안할망당	N 33°23'27.0" E 126°48'03.2"	33.387901, 126.800611	성읍리 808
87		표선리 당개 세명주할망당	N 33°19'36.2" E 126°50'43.2"	33.326709, 126.845331	표선리 45-6

번호	면/읍	당명	좌표	위경도	위치
88		가시리 본향 구석물당	N 33° 21' 07.7" E 126° 46' 04.0"	33.352126, 126.767768	가시리 2308 도로 맞은편 하천 시멘트길로 올라감
89		세화리 본향 서화리한집당	N 33° 19' 46.3" E 126° 47' 36.0"	33.329536, 126.793320	세화리 1890 / 세화리 화산초등학교(전통놀이문화 지원협의회) 북쪽
90		세화2리 생걸포구 남당	N 33° 18' 13.5" E 126° 48' 23.3"	33.303748, 126.806462	세화리 191-1 북쪽
91		토산리 웃당 본향 웃토산 한집당	N 33° 19' 30.0" E 126° 45' 36.6"	33.324992, 126.760178	토산리 1938-1
92		하천리 본향 고첫당	N 33° 20' 11.7" E 126° 50' 55.8"	33.336571, 126.848832	하천리 68-2
93	성산읍	오조리 본향 족지할망당	N 33° 27' 49.4" E 126° 54' 57.0"	33.463722, 126.915833	오조리 268 남쪽물 오조리 265 북서쪽 경계
94		수산리 본향 울리 무하르신당	N 33° 27' 05.0" E 126° 53' 35.1"	33.451389, 126.893083	수산리 451(성산읍 선성효자로 228-27)
95		신양리 본향 하로신당	N 33° 25' 42.1" E 126° 54' 58.0"	33.428360, 126.916119	고성리 613 / 신양리 해안도로변 해녀탈의장 맞은편
96		온평리 본향 진동산 명오부인당	N 33° 24' 29.8" E 126° 54' 21.7"	33.408278, 126.906028	온평리 685 / 온평리 707-1 해녀의집 식당에서 올레길
97		신산리 본향 범성굴왓 할망당	N 33° 23' 07.7" E 126° 53' 01.5"	33.385472, 126.883750	신산리 307-1 (성산읍 환해장성로 165)
98		삼달리 본향 웃가름당	N 33° 22' 34.9" E 126° 50' 18.4"	33.376361, 126.838444	삼달리 1444
99		신풍리 본향 웃내끼산신당	N 33° 21' 47.6" E 126° 50' 21.9"	33.363213, 126.839420	신풍리 639-1 / 성산 청소년 수련원내 단데맛 연못 뒤쪽
100		신천리 본향 안가를 현세일월당	N 33° 20' 37.4" E 126° 51' 05.9"	33.343667, 126.851694	신천리 281 / 천미연대 지나서 (천미연대 신천리 267)
101	안덕면	감산리 본향 도그샘이 일뤠당	N 33° 15' 30.2" E 126° 21' 30.1"	33.258389, 126.358361	감산리 104-1 건물 맞은편 산책로 / 산책로 입구에서 오른쪽
102		창천리 본향 창고내 닥밧 일뤠당	N 33° 15' 42.8"N 126° 22' 12.1"	33.261878, 126.370025	창천리 486 쪽 마에망 내려가도 계단에서 / 갈림길 오른쪽 하천쪽
103		대평리 본향 난드르 일뤠당	N 33° 14' 22.7" E 126° 21' 49.1"	33.239648, 126.363628	창천리 937-2 주소 중간 갈림길
104		사계리 본향 청밧 할망당	N 33° 14' 01.6" E 126° 18' 11.7"	33.233778, 126.303250	사계리 1845-1 북쪽 끝
105		화순리 본향 원당밧 해당	N 33° 14' 35.9" E 126° 19' 59.6"	33.243297, 126.333223	화순리 910 / 화순리 924 건물 왼쪽 과수원쪽
106		동광리 본향 늘웨남ᄃ르 일뤠당	N 33° 18' 20.8" E 126° 20' 26.6"	33.305769, 126.340712	동광리 789 북쪽 끝
107	대정읍	안성리 본향 동문밧 산짓당	N 33° 15' 10.2" E 126° 16' 93.6"	33.251757, 126.282358	안성리 1470
108		무릉리 본향 물동산 일뤠당	N 33° 15' 56.9" E 126° 11' 59.0"	33.265802, 126.199709	무릉리 3024-2
109		신도3리 본향 비지낭개 웃당	N 33° 16' 54.5" E 126° 10' 52.0"	33.281792, 126.181109	신도리 2118-1 동쪽 끝 / 신도리 2117-2와 경계
110		가파리 본향 상동 매부리당	N 33° 10' 28.8" E 126° 16' 11.1"	33.174668, 126.269746	가파리 210 북쪽 / 상동 방파제 쪽으로
111		마라리 본향 아기업개당	N 33° 07' 19.7" E 126° 16' 01.4"	33.122129, 126.267064	마라리 584 서쪽